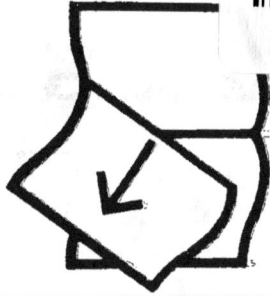
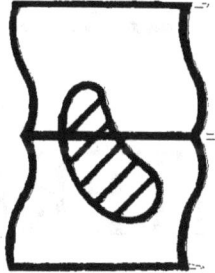
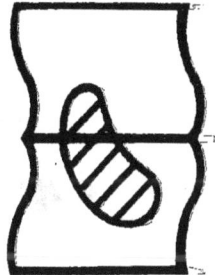

M.-A. GROMIER

L'UNION

MÉDITERRANÉENNE

N°　　d'un tirage spécial a mille exemplaires

PARIS

IMPRIMERIE LEFEBVRE

87-89, PASSAGE DU CAIRE, 87-89

1888

38

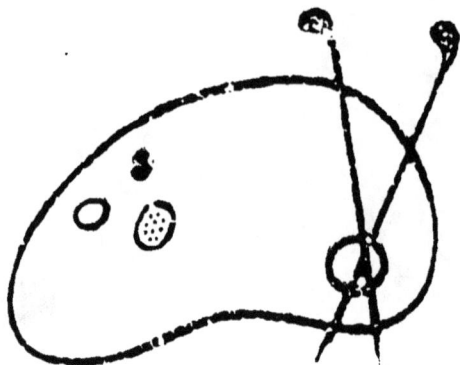

Fin d'une série de documents
en couleur

M.-A. GROMIER

L'UNION MÉDITERRANÉENNE

N° .... d'un tirage spécial a mille exemplaires

DÉDICACE. — PRÉFACE. — EXEMPLE A SUIVRE

REVANCHE A PRENDRE. — L'UNION MÉDITERRANÉENNE

UN DISCOURS A LA SOCIÉTÉ D'ÉCONOMIE POLITIQUE

DE LYON

LE BANQUET DU 5 MARS 1888. — LES ŒUVRES DU FONDATEUR

DÉDICACE

A ma femme, à ma fille, et à ceux de mes amis connaissant les obstacles politiques, moraux et matériels qu'il m'a fallu surmonter, et les sacrifices qu'il m'a fallu faire, pour continuer, jusqu'en 1888, *ma campagne entreprise, il y a déjà plus de vingt ans, en faveur d'une* Alliance Arméno–Gréco–Latine *et d'une* Union Douanière Méditerranéenne.

Paris, 31 mars 1888.

M.-A. Gromier.

Nᵒ   d'un tirage spécial à mille exemplaires,

PRÉFACE

Le progrès des sciences nécessitera la fraternisation des êtres civilisés.

La suppression des frontières sera la conséquence de la suppression des distances.

On élargira d'abord, puis on supprimera les cercles des douanes, devenus trop étroits et ruineux depuis l'application de la vapeur aux moyens de locomotion individuelle et de transports commerciaux, et, surtout, depuis l'emploi de l'électricité et du téléphone pour les communications industrielles internationales.

Imitons Frédéric List, qui consacra sa vie entière à l'établissement du Zollverein Germanique.

Le Zollverein Méditerranéen serait une revanche pacifique, intelligente et décisive.

REVANCHE A PRENDRE

La présence des Anglais à Gibraltar, Malte, Chypre, Alexandrie, Port-Saïd — et l'établissement prochain des commis du *Zollverein Germanique* à Tanger, Port-Mahon, Trieste, Salonique, Constantinople, Césarée, Tripoli — nécessitent un contre-poids immédiat.

Si on ne l'établit, c'en est fait de l'équilibre européen : les Anglo-Saxons et les Allemands prédomineront partout sur les peuples arméno-gréco-latins, follement occupés à de ruineuses aventures coloniales, au Tonkin et en Abyssinie, ou à des luttes fratricides, dont Bismarck est l'instigateur et le bénéficiaire.

La création d'un *Zollverein Méditerranéen*, — en d'autres termes, d'une **Union Douanière Méditerranéenne**, — sauverait d'une ruine complète le commerce et l'industrie des peuples arméno-gréco-latins, qui sont à la veille de perdre toute possibilité d'échanges faciles et fructueux avec l'Asie et l'Afrique, dont les usuriers d'Angleterre et d'Allemagne veulent monopoliser l'exploitation.

Cette **Union Douanière Méditerranéenne** — en attendant mieux — devrait allier *économiquement* les habitants du Portugal, de l'Espagne, de la France, de l'Italie, du Montenegro, de l'Albanie, de la Grèce *(augmentée de l'Epire, de la Thessalie et de la Crète)*, de la Bulgarie *nouvelle*, de la Roumanie, de l'Arménie *(dont nous espérons voir l'indépendance)*, de l'Egypte *(qui va retourner aux Égyptiens)*, de la Tripolitaine, de la Tunisie, de l'Algérie et du Maroc, — ainsi que de toutes les colonies, actuelles et futures, de ces pays méditerranéens, réunis autour du bassin magique d'où sortit la civilisation, — sur les rivages sacrés où s'est fait entendre le cri : *Homo sum*, et où les plus sublimes génies, Homère et Moïse, Platon et Térence, Socrate et Jésus, Dante et Rabelais, Cervantes et Voltaire, Camoëns et Victor Hugo, se sont reconnus, confondus avec Mahomet, dans ce grand PAN que les contemporains appellent Humanité !...

Les intérêts économiques ont leur classement, comme toutes les choses humaines. Ils ont leurs affinités spontanées, dépendant du climat, du relief et de la nature du sol, de la distribution des eaux, des entraînements historiques. C'est sur ces affinités que doit se régler, pour être féconde et forte, toute cristallisation nationale. La bonne politique des Etats qui ne veulent pas rester de simples expressions géographiques, à la merci du hasard, est de se conformer aux lois de la distribution de ces courants sociaux. Eh bien ! cette *alliance nationale économique,* — préface de la formation des **Etats-Unis Méditerranéens,** — s'obtiendrait aisément entre tous ces pays, quels que soient la forme actuelle et le nom de leurs gouvernements, au moyen de l'adoption *synallagmatique,* dans tout le territoire de ladite alliance, de certaines mesures d'ordre purement administratif qu'il appartient à la presse de commencer à proposer, et dont j'ai déjà fourni quelques exemples depuis 1865. Voici quelques-unes de ces mesures nécessaires :

I. — Uniformité d'adoption du calendrier grégorien, pour supprimer la difficulté de nos relations avec nos amis *slaves* et nos associés *musulmans.*

II. — Uniformité des poids, des mesures et des monnaies, d'après le système métrique décimal, pour empêcher, dans l'Orient, la suprématie de l'or anglais, celle du thaler de Marie-Thérèse et celle de la piastre aléatoire et variable.

III. — Uniformité des tarifs postaux et des timbres-poste; dans tout le domaine de l'*Union Douanière Méditerranéenne*, on devrait pouvoir employer (comme en Suisse) pour les cartes-postales, des timbres de 5 centimes; pour les lettres, des timbres de 10 centimes par poids de 15 grammes ; pour les imprimés, des timbres de 1 centime par poids de 50 grammes.

IV. — Uniformité des tarifs télégraphiques : 50 centimes les premiers dix mots, et 2 centimes par mots supplémentaires.

V. — Liberté de la pêche et du cabotage le long des côtes méditerranéennes, et gratuité des débarquements dans tous les ports de ce littoral pour les bateaux et les navires appartenant à la marine des pays riverains alliés.

VI. — Uniformité du prix kilométrique des transports, par kilogramme de marchandises confiées aux messageries de terre et de mer entre les confins du pays de l'*Union*, — et uniformité des tarifs ferroviaires et des tarifs des paquebots, pour les voyageurs et les passagers.

VII. — Abolition de tout passeport et de tout droit de péages, d'octroi, de douanes à l'intérieur de l'*Union Méditerranéenne;* — c'est-à-dire pleine liberté de communications personnelles et d'échanges entre les habitants des pays composant cette *association nationale économique...*

Voit-on bien le champ immense ouvert alors à l'activité des peuples arméno-gréco-latins, si industrieux? Voit-on bien l'impulsion donnée à leur fièvre commerciale? Voit-on surtout quel formidable front de résistance opposé de la sorte à la si néfaste influence, à l'invasion ruineuse des Anglais et des Allemands?

Ne fût-ce point, jadis, à l'abolition des douanes provinciales que la France moderne dut sa prodigieuse cohésion? Ne fût-ce point, hélas! l'établissement de la libre pratique commerciale entre tous les petits Etats de la Confédération qui occasionna , qui permit l'unification politique de l'Allemagne? Frédéric List, le père du *Zollverein Germanique*, n'a-t-il pas été l'auteur véritable de la puissance actuelle de Bismarck? Un lien *économique* unissait tous les pays de la Confédération avant leur absorption par la Prusse victorieuse : Bismarck n'a point eu de peine à les unir *politiquement*, les bases du système fiscal restant les mêmes.

Méditerranéens! unissez-vous *économiquement*, tandis qu'il en est temps encore, si vous voulez pouvoir vous unir un jour *politiquement !*

Associez-vous pour travailler, acheter, vendre, trafiquer, si vous voulez pouvoir vous associer un jour pour vous défendre!...

Je vous le répète encore :

C'est par l'union douanière des morceaux épars de l'ancienne Confédération Germanique que l'Allemagne a commencé l'œuvre de son unification, à laquelle on a pu dire que le Zollverein de List avait plus sûrement et plus puissamment servi que Sadowa et Sedan, que le machiavélisme de Bismarck, la stratégie de M. de Moltke et l'incapacité de Napoléon III.

Je vous le répéterai toujours :

C'est en jetant sur le globe entier un *épervier* de places fortes commerciales, en ameutant contre leurs rivaux la coalition des petits Etats entraînés de gré ou de force dans l'orbite d'Albion ; c'est en se faisant les *rouliers* de la mer, les intermédiaires obligés et les banquiers internationaux, que les Anglais sont devenus les maîtres du marché du Monde.

Oui, en affaires comme en politique, et comme à la guerre, l'union fait la force. Isolées, les nations sont à la merci du premier venu. Associées pour l'expansion collective, elles s'assurent réciproquement la sauvegarde et la fortune.

Méditerranéens, unissez-vous et constituez-vous en une sorte de *Syndicat d'intérêts !* Opposez raison sociale à raison sociale, si vous voulez tenir tête aux *mercantis* d'outre-Manche et aux *penduliers* d'outre-Rhin... Répondez au *Zollverein Germanique* par le *Zollverein Méditerranéen*, — tandis qu'il en est temps encore.

L'UNION MÉDITERRANÉENNE

Nous chercherons quel est le nom de l'espérance,
Nous dirons : Italie! et tu répondras : France!
(Lettre de Victor Hugo à Garibaldi en 1867.)

Nous sommes pour la politique du pot-au-feu
méditerranéen mangé en famille.
(Lettre de l'auteur à ses amis.) (1)

I.

Si la perfection était de ce monde, l'humanité ne serait qu'une grande famille de frères. Mais le monde ne peut être parfait; aussi, reste-t-il divisé en nationalités, en races encore fort jalouses les unes des autres.

Toutefois, les migrations des peuples, les nécessités de la vie et les conséquences de la sélection ont déjà procuré au Nouveau-Monde, dans l'Amérique du nord, les éléments et l'occasion d'une famille unique. Dans l'Amérique centrale, d'autre part, une autre unité familiale est à la veille de se constituer, non pourtant sans de terribles luttes. Puis, dans notre Ancien Monde, si la morale, le droit et la science parviennent à prendre le dessus sur l'égoïsme, la force et la superstition, il ne sera point impossible de voir un jour les races européennes finir par s'entendre et former, d'abord, un pendant à la Confédération des Etats-Unis Américains.

Avant la formation des Etats-Unis d'Europe, il est presque impos-

(1) Voir mes lettres du 31 mars 1884 à MM. Datculescu, Lupis, Raqueni, Reis Damaso et Moschovachis, A propos de la politique agressive et irréfléchie.

sible de compter sur une paix sûre et durable. Après, c'est la guerre qui devient impossible ; enfin, c'est la paix universelle qui s'établit par l'union des Etats-Unis d'Amérique avec les Etats-Unis Européens (1).

En attendant, qui veut le plus doit vouloir le moins. C'est donc parce que Victor Hugo et Garibaldi voulaient des Etats-Unis d'Europe qu'ils voulaient des Etats-Unis Latins; c'est parce qu'ils voulaient la paix et la liberté pour tous qu'ils voulaient pour leurs frères immédiats un ZOLLVEREIN MÉDITERRANÉEN. Et c'est ce que demanderont après eux les latinophiles, leurs partisans fidèles.

Qu'on ne commette pas d'erreur à ce dernier propos; le projet d'une union latine n'est point le projet d'une ligue révolutionnaire destinée uniquement à faire contre-poids à l'alliance monarchique. Non. C'est simplement le projet d'une UNION DOUANIÈRE procurant pleine liberté de communications et d'échanges entre les habitants méditerranéens faisant partie de cette association purement économique, quelle que soit la forme de leur respectif gouvernement (2).

Ajoutons que ce projet n'établit aucune division absolue entre les nations latines et les autres nations. A l'exemple de M. de Bismarck proposant, depuis 1871, aux Austro-Hongrois, d'entrer dans le ZOLLVEREIN GERMANIQUE afin d'augmenter la cohésion de la race allemande, — les latinophiles proposent aux nations belge, française, portugaise, espagnole, italienne, roumaine et aux Grecs, leurs congénères, de se réunir économiquement, eux aussi, afin d'acquérir la force de traiter d'égales à égales avec les nations anglo-saxonnes, par exemple, et d'être en état d'occuper le même rang qu'elles dans la future constitution des Etats-Unis Européens. Actuellement, en effet, les nations allemandes ont la suprématie sur les nations latines ; or, la création d'un ZOLLVEREIN MÉDITERRANÉEN équilibrerait tout par un rayonnement pacifique.

---

(1) Voir, dans le journal *Les Etats-Unis d'Europe*, ma lettre du 12 février 1884, adressée à M. Le Monnier, de Genève, président de la *Ligue Internationale de la Paix et de la Liberté*.

(2) Voir, a propos de la nécessité de l'union douanière des peuples méditerranéens, la première année (1882) de mon journal hebdomadaire *La Fédération des Peuples Gréco-Latins* et ma lettre parue, a Paris, dans le journal *L'Evénement* du 22 novembre 1883.

Protestation non moins nécessaire à cette place, loin d'exclure qui que ce soit, les latinophiles, au contraire, laissent leur porte ouverte, car ils considèrent la fédération latine comme un grand acheminement vers l'universalisation de l'instruction, du travail et du bien-être. Partisans convaincus et dévoués de la LIGUE INTERNATIONALE ET PACIFICATRICE dont Garibaldi et Victor Hugo furent les apôtres, ils semblent être les interprètes vrais de cet évangile, alors qu'ils lui donnent sa source dans les principes de la fraternité et de la solidarité des peuples.

Selon eux, ce principe démocratique a pour moteur l'alliance des nations qu'unissent la langue, les coutumes et la civilisation, en attendant qu'il s'étende à tous les autres peuples. Et, c'est pour cela seulement qu'ils travaillent et travailleront sans cesse, avec un entier désintéressement personnel, sans jamais se rebuter de l'insuccès, sans jamais perdre l'espérance, forts et fiers du passé de leurs ancêtres, confiants dans les traditions glorieuses dont ils sont les héritiers.

II

La force mystérieuse dominant les destinées des individus et des peuples, fait mouvoir à son gré les évènements en dépit des calculs de l'homme et sans nuire à sa liberté.

Guerres et traités de paix, expéditions maritimes et voyages scientifiques, ambitions malsaines et projets héroïques, tout concourt à un plan civilisateur cosmogonique dont personne n'a le secret ici-bas et auquel la race latine, plus que toute autre, a toujours et partout extraordinairement collaboré, produisant presque à elle seule toute la civilisation actuelle (1).

La race latine fonda l'unité de l'admirable empire romain.

Dès le commencement de notre ère, ce fut elle qui prêcha et propagea les doctrines du révolutionnaire de Nazareth.

Sous la triple action du césarisme, de l'invasion barbare et du dé-

---

(1) Voir ma brochure *I latinofili francesi ed il senatore Amante*, Stamperia Cooperativa Firenze, 1881

sordre intellectuel et social, lorsque l'empire romain se décomposa, ce fut elle, avec Clovis, Bélisaire, Charles Martel, puis avec Charlemagne, qui civilisa les conquérants, établit le code Justinien, rejeta les Sarrasins au midi de l'Espagne et refoula les hordes germaniques dans leurs épaisses forêts.

Ce fut elle aussi qui conserva les sciences et les lettres à l'époque de la décadence.

Au moyen-âge, avec Godefroy de Bouillon, Baudoin de Flandre, Jean de Brienne, puis avec Saint-Louis, la race latine sauva l'Europe du cimeterre mahométan et du dogme énervant de la fatalité. En même temps, elle soutint en Espagne contre les Maures la lutte la plus acharnée dont l'histoire fasse mention, immortalisa le Cid et finit par être victorieuse, à l'époque de Ferdinand et d'Isabelle. C'est elle encore qui, sous Robert-le-Fort, organisa la ligue entre les barons et les peuples pour diriger ou mettre à la raison les rois incapables ou spoliateurs ; de même que, plus tard, sous Louis-le-Gros, elle créa les communes, et sous Philippe-Auguste, elle organisa une ligue entre les rois et les peuples, pour mettre un frein aux abus des seigneurs.

Au XIVe siècle, c'est elle qui convoque les premiers États-Généraux et perfectionne la boussole.

Au XVe siècle, tandis que les Médicis protégent les lettres, les sciences, le commerce et les arts, c'est elle toujours qui se sert de l'italien Christophe Colomb et des vaisseaux espagnols pour donner les Antilles au vieux continent. Le portugais Diaz touche au cap africain de Bonne-Espérance, que franchit son compatriote Vasco de Gama, ouvrant la route des Indes. Le florentin Améric Vespuce entre dans le fleuve des Amazones. Le français Jacques Cartier remonte le Saint-Laurent et découvre le Canada. Le père et le fils Cabot reconnaissent Terre-Neuve et les côtes de l'Amérique du nord, du Labrador à la Floride, puis remontent les rios de la Plata et du Paraguay ; après quoi, ils cherchent un passage nord-est vers la Chine, dont un autre vénitien, Marco Polo, a déjà depuis deux cents ans visité tout le territoire et raconté les merveilles. A la même époque, c'est la race latine encore qui emploie l'imprimerie à la préparation de la liberté d'examen.

Viennent ensuite les temps de François 1er, de Charles-Quint, du pape Léon X, du français Richelieu, de l'italien Mazarin, de l'espagnol

Alberoni, et la race latine voyage autour du monde, crée le système colonial, substitue le commerce maritime au commerce de terre et découvre les bases de l'économie politique.

Enfin, au dernier siècle, les armes de la France aident à constituer la république anglo-saxonne au-delà de l'Atlantique, et la révolution de 1789 jette les bases de l'organisation de l'avenir.

Peu après, sous le corse Napoléon, tous les peuples du continent sont soumis à l'influence, au pouvoir et aux lois de la race latine donnant au monde le Code le plus parfait.

Et, depuis, comme avant, en industrie, en littérature, en poésie, en peinture, en musique, en statuaire, quelle est la race disputant la palme à la race des Latins?...

Il nous paraît tout à fait inutile d'énumérer les incomparables génies latins, illustrations immortelles des sciences, des belles-lettres et des arts. Le beau et le vrai sont des spécialités latines incontestées et incontestables...

Ce n'est cependant point tout : nous devons revenir sur la grande gloire de Rome, sur la plus grande vertu latine ; c'est bien encore aux Latins, en effet, que le monde doit l'IDÉE *de la* FÉDÉRATION servant à unir les peuples et l'*idée du suffrage universel* concourant à leur donner le gouvernement qu'ils méritent.

III.

Phéniciens, Grecs ou Romains, les riverains de la Mer Méditerranée, lac latin, commencèrent la découverte et la colonisation du monde que les anciens connurent. Puis les chrétiens civilisèrent ce monde et l'unirent.

La plus grande gloire de la race latine est d'avoir su réunir les trois parties du vieux monde en un seul tout, et d'avoir répandu les lumières et les bienfaits de la civilisation sur le monde barbare.

Rome unit les peuples, jusqu'alors inconnus les uns aux autres, par des relations de commerce et de gouvernement ; elle établit une communauté d'intérêts et de mœurs, un véritable système d'équilibre ; elle devança notre ZOLLVEREIN MÉDITERRANÉEN ; elle devança les futurs ETATS-UNIS-D'EUROPE, et les plus lointains encore ÉTATS-UNIS UNIVERSELS (1).

Rome, en effet, introduisit des institutions socialistes et politiques au moyen d'un droit commun international et mit la base des sociétés civiles dans l'*idée humanitaire d'une* FÉDÉRATION UNIVERSELLE.

Cette idée civilisatrice et sublime, entrevue mais écartée par Moïse, esquissée par Homère, creusée par Platon, « peinte » par Virgile, et développée par l'illuminé de la route de Damas, — cette idée traditionnelle fut reprise par la France dès l'époque des Croisades, au temps d'Abélard et surtout de Saint-Louis ; puis, Dante la condensa, Rabelais la popularisa, Le Camoëns la mit en poëme, Cervantes en fit un roman héroï-comique, Henri IV la voulut pratiquer et, finalement, Montaigne, Rousseau, Voltaire, Volney en établirent la théorie pour l'usage des fils de la Révolution de 1789 et pour leurs meilleurs neveux : Lamartine, Cavour, Mazzini, Michelet, Gambetta, Mauro Macchi, Edgard Quinet, Garibaldi, Mario, Campanella, Henri Martin, Littré, Buscalioni, Mamiani, Victor Hugo...

Ce que furent Rome et la France pour le progrès, à ces périodes si extraordinaires de grandeur, on le comprit généralement, mais trop tard. lorsque le despotisme de la Sainte-Alliance spolia les peuples de toutes leurs libertés et en fit un trafic honteux en les partageant comme des troupeaux.

Si l'idée d'une fédération chrétienne, évoquée par Saint-Louis, s'évanouit au souffle de la peste devant Tunis, neuf ans après que Michel Paléologue eut anéanti l'empire latin et reporté à Constantinople le siège de l'empire grec ; — si l'idée d'une association pacificatrice universelle que patronnaient Henri IV et Sully, son digne ministre, et qui, au fond, n'était basée que sur le principe conciliateur des unités nationales, échoua par suite des égoïstes intérêts des potentats de l'Europe de ce temps ; — si ce même Henri IV, dans son abnégation sans exemple dans l'histoire, préféra renoncer à son idée plutôt que d'adhérer aux prétentions de la Suède, de l'Autriche et des ducs allemands, qui voulaient exploiter son projet de confédération dans un but intéressé de politique territoriale ; —

---

(1) Voir ma *Lettera a Filippo Lupis*, dans le journal *La Lega Latina* de Marseille, en date du 28 février 1882.

si enfin, les principes de la première république française et l'œuvre de
Napoléon-le-Grand rer contrèrent les mêmes obstacles dans la coalition
des rois : — ce ne fut pas une raison, en France, pour les latinophiles,
d'abandonner l'œuvre ébauchée et de regarder comme insoluble la question devenue, au contraire, de plus en plus brûlante d'actualité, question
d'où dépend le sort des peuples méditerranéens dont le rayonnement
doit s'opérer par extension pacifique et non point par expansion
guerrière (1).

IV.

De Maistre ne laissa pas attendre sa vive protestation contre le traité
de 1815. « Les nations sont quelque chose dans le monde, s'écria-t-il
dans sa *Correspondance politique :* il n'est pas permis de les compter
pour rien, de les affliger dans leurs convenances, dans leurs affections,
dans leurs intérêts les plus chers. »

Chateaubriand prit bientôt la parole à son tour et s'indigna, dans le
Génie du christianisme, de voir le monde latin engagé si avant dans le
naufrage du monde moderne.

Lamennais, dans les *Choses de Rome ;* — Lacordaire, dans son élo-
quent plaidoyer en faveur de la *Liberté de l'Italie et de l'Église ;* —
Lamartine, dans son *Italie et Pie IX ;* — Proudhon, dans son *Traité du
principe fédératif* et dans sa *Philosophie du progrès ;* — Michelet, dans
sa *Bible de l'humanité*, se firent un pieux devoir de démontrer que
l'Occident latin, ayant à sa tête la classique Italie, la noble Espagne
et la France héroïque, ne peut renoncer, sans se nuire, à continuer la
tradition émancipatrice et à représenter l'opinion progressiste de
l'esprit du XIXe siècle, ouvertement contraire au système de conquêtes
et à la politique territoriale dans le sens dynastique.

Edgard Quinet, que nous eûmes l'honneur d'avoir pour premier
maître, alla beaucoup plus loin. Il établit nettement que l'Occident
latin était tenu de représenter la latinité libérale et démocratique des
deux hémisphères, et c'est lui qui démontra comment les Roumains,

---

(1) Voir ma brochure *Greek-Latin Politics and English Interests*, typographie *Ferruccio*, Florence
10 mars 1885.

ces Latins de l'Orient, font partie intégrante de la grande famille latine, tout comme les colonies européennes des Antilles, de l'Amérique centrale et de l'Amérique du Sud, récemment décrites par M. de Fontpertuis dans son ouvrage sur les ÉTATS LATINS DE L'AMÉRIQUE.

Edgard Quinet, dans ses *Révolutions d'Italie*, dans *Le Génie des Religions* et dans sa brochure intitulée : *La croisade contre la République romaine*, nous avait montré le chemin ; Mauro Macchi daigna nous guider et nous accompagner partout dans la route. On ne peut parler de l'apostolat des peuples latins et de la nécessité de l'alliance latine sans citer cette déclaration de Mauro Macchi, datée du 14 juillet 1878 et extraite de son *Epistolario*, pages 65 et suivantes, ainsi que de ma brochure sur *Mauro Macchi e la lega latina*, pages 8, 9 et 10 :

« Je suis pour les ÉTATS-UNIS D'EUROPE, qui ont été pour la première fois annoncés, avec cette même formule, par mon illustre maître Cattaneo. Nous ne les verrons pas, hélas ! mais j'ai la plus profonde conviction que, tôt ou tard, tous les États d'Europe seront unis par le lien d'une libre fédération. Il est impossible que cela n'arrive pas, avec les étonnants progrès de la science, qui supprime tout espace de temps et de lieux et toute différence de langue et de mœurs.

« Autrefois, la guerre éclatait, même de commune à commune ; maintenant, elle ne se fait plus déjà qu'entre les nations différentes. Elle ne sera plus possible bientôt que d'un continent à l'autre, en attendant qu'elle disparaisse de toute la surface de la terre. Mais, avant d'arriver aux Etats-Unis d'Europe, il faut passer par la ligue fédérale des différentes races : latine, teutonique, slave, etc.

« Le nouveau projet de former une ALLIANCE LATINE rajeunit mes idées d'une trentaine d'années ; car il me rappelle les efforts qui ont été faits dans le même but à Paris, en 1850, par plusieurs parmi les plus illustres citoyens de l'Europe occidentale, par Lamennais, entre autres, au nom de la France, et par Montanelli, le triumvir toscan, alors exilé à Paris, comme représentant de l'Italie.

« Le coup d'État, qui a fait tant de ruines, a empêché aussi le triomphe de cette aspiration si noble et si féconde. Mais elle ne pouvait pas mourir ; et maintenant que la France est en république, le moment est venu de reprendre la tâche interrompue par la violence, et de faire tout ce qui est possible pour la mener à bonne fin.

« Cela se doit d'autant plus que, depuis lors, on a réussi à vaincre les obstacles les plus graves entre les deux nations, c'est-à-dire qu'on a foré les Alpes, qui formaient la seule frontière naturelle, et, de part et d'autre, on a dompté la faction cléricale, qui est l'ennemi commun.

« Il ne reste donc plus que la différence de langage. Mais il est certain qu'entre la langue de Dante et de Camoëns, de Calderon et de Victor Hugo, il y a beaucoup moins de différence qu'entre la plupart des dialectes des nations respectives.

« Avec la formation de l'ALLIANCE LATINE, les grands États actuels perdront certainement de leur importance, et ce sera pour le mieux, car les grands États ne sont bons que pour les grandes armées, et, en conséquence, pour les grands despotes.

« Nous devons arriver encore à l'indépendance des anciennes communes; seulement, avec la plus grande autonomie administrative. Dans l'avenir, elles seront unies par le lien politique.

« Il y a encore, il est vrai, parmi les hommes vulgaires, bien des mauvaises préventions entre l'Italie et la France, surtout après l'expédition napoléonienne de Rome et la sanglante exécution de Mentana. Mais, heureusement, les bonapartistes ne sont pas et n'ont jamais été la France, tant s'en faut, et la France démocratique, qui a applaudi de toutes ses mains à la guerre pour l'indépendance italienne, n'a pas manqué de protester contre la première expédition de Rome, et par milliers ses meilleurs enfants sont descendus dans les rues, Ledru-Rollin en tête, pour s'y opposer, bravant les canons de Changarnier, et payant de vingt ans d'exil leur amour pour l'Italie. Puis, la démocratie italienne, à son tour, a su prendre la plus noble revanche de la catastrophe de Mentana, puisque le glorieux Garibaldi, qui en a été la plus grande victime, est accouru au secours de la France, dans les plus mauvais jours de sa guerre contre les soldats de Bismarck. »

V

Edgard Quinet, Mauro Macchi, Garibaldi et Victor Hugo sont morts, mais l'idée de l'Alliance Latine, une fois née, ne peut périr tant qu'elle trouvera de l'aliment chez les peuples. Or, cet aliment ne saurait lui manquer, puisqu'à la mort récente de Victor Hugo, comme à la mort de Garibaldi, tous les Latins ont pleuré et se sont à nouveau reconnus et déclarés frères (1).

Au reste, tant qu'il existera des oppresseurs et des opprimés, des Arméniens, des Égyptiens, des Triestins, des Trentins, des Alsaciens et des Lorrains violentés, le principe de nationalité ne pourra être remplacé par le principe de cosmopolitisme que les latinophiles sont bien éloignés de combattre, puisqu'au contraire ils veulent arriver à la solidarité universelle par la solidarité des Latins, cherchant le moins, à présent, pour arriver au plus, tôt ou tard.

Malheureusement, le propre des grandes idées, c'est d'être vivement combattues par les bas intérêts de la politique courante.

L'idée si conforme aux idées historiques et aux grands intérêts progressifs de l'humanité, l'idée se dégageant de l'union projetée des Etats latins ne pouvait donc échapper à cette fatalité du cours des choses.

Le panlatinisme fut promptement un épouvantail pour certains gouvernements et certains peuples. Les monarques latins lui prêtèrent des qualités belliqueuses dominatrices. A Madrid et à Rome, par directe conséquence, on essaya de s'allier avec les empereurs d'Allemagne et d'Autriche contre l'idée latine, dont on redoutait le développement. Puis, en France, des ministres mal inspirés par leurs passions, aidèrent à maintenir l'équivoque : nul ne le sait, hélas ! mieux que l'auteur de ces lignes.....

Les évènements se sont chargés d'édifier les peuples (2).

On sait, maintenant, chez les Italiens comme chez les Espagnols, si l'union de la France, même républicaine, est possible et profitable pour l'Espagne et l'Italie, même monarchiques. On sait, maintenant, d'un bout à l'autre du rivage méditerranéen septentrional, s'il vaut mieux être les satellites de Bismarck, qui divise les Latins afin de régner plus aisément sur eux, ou s'il vaut mieux s'unir en famille

---

(1) Voir mon article du 2 juin 1885 dans le numéro extraordinaire de l'*Opinione Nazionale*, de Florence, consacré tout entier A LA MÉMOIRE DE VICTOR HUGO ET DE GARIBALDI.

(2) Voir ma brochure *La Vraie Revanche*, Imprimerie du Vocabolario, Florence, 25 août 1884; — mes Lettres au *Home Review*, de Nottingham, 1884-1885, — et mes Lettres à la *Gazzetta d'Italia*, de Rome, janvier-septembre 1884.

par un pacte fédératif simplifiant tout et donnant aux Latins la force d'agir par eux-mêmes, chez eux, sans s'inquiéter du : *Qu'en dira-t-on chez les Allemands ?*

Les nobles nations qui ont fait déjà deux civilisations et qui ont commencé la troisième, — qui ont découvert un nouveau monde et plusieurs fois soumis tout le monde ancien, — les nations latines qui, dans la philosophie, dans les sciences, dans les arts et dans la guerre comme dans la paix, ont été toujours incomparablement favorisées, — ces nations savent, maintenant, si elles ont des traditions et des destinées communes, dérivant de leur développement parallèle et de leur commun héritage de gloire.

Amérique du sud et Amérique centrale, Belgique, Portugal, Espagne, France, Italie, Grèce et Roumanie, dans tous ces pays latins, nations, peuples, simples particuliers savent, maintenant, la nécessité d'obtenir leur indépendance commune par l'observation du principe de race identique, par la création de leur grande et unique famille. S'ils le savent et ne le font pas, ou plutôt ne l'ont pas encore fait, c'est que des passions personnelles ont réussi jusqu'à ce jour à faire oublier l'intérêt général.

Mais ne désespérons pas de l'avenir. Quoi qu'il en paraisse, d'ailleurs, le présent n'est déjà point si désespérant. Le monde marche.....

C'est en effet, pour le principe de l'homogénéité de la race latine qu'après 1848, les réfugiés de l'Italie et de l'Espagne ont trouvé une nouvelle patrie en France, et qu'après 1851, les réfugiés de France ont trouvé une nouvelle patrie en Belgique, en Espagne et en Italie.

C'est pour ce principe encore qu'après 1854, la France et l'Italie ont versé leur sang en Crimée devant les murs de Sébastopol, et que de 1857 à 1866, la France a aidé l'Italie à opérer sa phénoménale unification.

C'est pour ce principe qu'en 1870, Garibaldi conduisit les Italiens au secours des Français (1). C'est pour ce principe que, jusqu'à son heure dernière, Victor Hugo a parlé de son amour pour les Espagnols et les Italiens, ses frères...

Sursum corda, Latini ! Patience et courage !

---

1) Voir ma brochure *Garibaldi et sa campagne de France*, extrait du *Biographe*, Bordeaux, 1879.

Tout est possible au siècle où nous sommes, même un triomphe du principe des nationalités, cette religion des races que le rayonnement *pacifique* des nations civilisées modernes établira certainement, tôt ou tard.

La Belgique, la France, le Portugal civilisent actuellement et *pacifiquement* le Congo. L'Espagne et la France civilisent *pacifiquement* le Maroc. La France et l'Italie doivent civiliser ensemble et *pacifiquement* la Tripolitaine et la Cyrénaïque...

Qui sait, au bout du compte, malgré toutes les apparences si contraires, qui sait si les roueries tramées par Bismarck n'aboutiront pas à débarrasser les Latins de la prépondérance des Anglo-Saxons? Le fin mot n'a pas encore été dit sur l'imbroglio germano-anglo-turco-russe, et rira bien qui rira le dernier. Attendons 1889.....

Tandis que Londres, Berlin, Vienne, Saint-Pétersbourg se disputent Constantinople, — qui sait si l'Italie et la France ne réussiront pas bientôt à *pacifier* ensemble et à régénérer *pacifiquement* l'Égypte, pour le compte des Égyptiens et au profit de la civilisation, malgré les Anglais?

Et qui sait si, après avoir régénéré l'Égypte, la France et l'Italie ne réussiront pas. tôt ou tard, à civiliser et à coloniser *pacifiquement* ensemble les pays africains de la Mer Rouge et du golfe d'Aden, de Suez au cap Guardafui?... Les voyez-vous alors s'entendre avec l'Abyssinie et donner la main à leurs frères latins, les colons du Congo, à travers les plantureuses terres des Grands-Lacs, malgré les Allemands, et avec l'aide des Portugais et des Espagnols?.....

...... Tout peut devenir possible aux peuples latins si un ZOLLVE-REIN MÉDITERRANÉEN leur apporte l'union qui fait la force. Et, s'ils se hâtent de se procurer cette force par cette union, ils contrebalanceront opportunément l'entrée prochaine des peuples austro-hongrois dans le ZOLLVEREIN GERMANIQUE..... (1).

---

(1) On lit dans la correspondance de Rome du journal parisien *L'Anti-Prussien*, n° 243, sous la date du 13 juillet 1885 :

« ...... Le *Zollverein Germanique* se prépare a engloutir l'Autriche-Hongrie, la Serbie et la Roumanie, et prétend engloutir tôt ou tard l'Italie et la Suisse.

» Est-ce pour préparer l'établissement d'un *Zollverein Méditerranéen* que M. Léon Say a passé la journée de jeudi dernier avec le prince de Bismarck? Ou bien M. Léon Say a-t-il simplement voulu se procurer l'alliance du grand chancelier pour le succès de sa future candidature à la présidence de la **République française?** »

Que l'on ne vienne pas dire, surtout, que le Traité de Francfort est un insurmontable obstacle à cette *Union Douanière Latine*. Si le traité de Francfort n'a pas empêché l'*Union Douanière Allemande* et n'empêche point Bismarck d'offrir aux Austro-Hongrois d'entrer dans cette *Union*, le Traité de Francfort ne peut empêcher et n'empêchera point la formation d'un ZOLLVEREIN MÉDITERRANÉEN. C'est logique et indiscutable.

Au reste, si les sollicitations des latinophiles avaient eu plus d'effet, il y a longtemps déjà que le Traité de Francfort ne servirait plus d'épouvantail.

Si, dès 1871, après ses désastres, la France avait su s'allier avec ses nations sœurs, les Français auraient eu bien autre belle chose à faire chez eux, sur leur territoire héréditaire, que d'aller éparpiller leurs meilleures forces vives chez les autres, au bout du monde. Les Portugais et les Espagnols se seraient fondus en une *Fédération Ibérique* stable, puissante et respectée. Les Italiens auraient défriché leurs 600,000 hectares de terres incultes, chassé la pellagre, creusé le Pô, rectifié le Tibre, civilisé la Calabre, colonisé la Sardaigne, italianisé toute l'Italie. Les Grecs se seraient agrandis de l'Epire et de la Thessalie. Enfin, les Belges et aussi les Roumains, hélas! ne seraient pas à la veille de perdre leur indépendance..... (1)

...... Songes creux, châteaux en Espagne, utopies, criera-t-on? — *Eppur si muove*... répondait Galilée.

— Patience et courage. Les chemins de fer, eux aussi, ont été des utopies jadis, et bien des préjugés ont disparu, bien des préventions se sont effacées depuis qu'en 1866, pour la première fois, j'ai fait acte de latinophile sur les champs de bataille du Trentin.

M.-A. GROMIER,

Ancien Commandant du 74e Bataillon de la Garde Nationale
de la Seine, en 1870, pendant le siége de Paris par les Allemands.

---

(1) Ce serait ici le moment de dire, en outre, aux Anglais, que s'ils avaient daigné suivre les conseils que j'eus l'occasion de leur donner, le 24 septembre 1882, dans le *Bulletin politique* du n° 8 de mon journal LA FÉDÉRATION DES PEUPLES GRÉCO-LATINS, ils ne seraient pas, aujourd'hui, hors de Khartoum, hors de Kassala, hors de Dongola, cernés dans Souakim. — Ils n'auraient pas à abandonner l'Afghanistan aux Russes (comme ils l'abandonneront), enfin, ils n'en seraient pas réduits, a Zanzibar, comme au Caire et comme a Constantinople, a n'agir qu'au profit et avec la permission de Messieurs les Allemands, leurs maîtres.

UN DISCOURS

à la SOCIÉTÉ D'ÉCONOMIE POLITIQUE de Lyon

Le 23 Décembre 1887.

Aucun des faits intéressant directement ou indirectement l'**Union Méditerranéenne**, ne doit passer inaperçu aux yeux de ses adhérents, surtout si ces faits sont de nature à leur mettre du courage au cœur, à les encourager dans la poursuite de la tâche entreprise et la réalisation de l'idée grandiose pour laquelle ils combattent le bon combat.

Le vendredi 23 décembre dernier, les membres de la **Société d'Economie Politique de Lyon** étaient convoqués pour discuter librement sur l'expiration du traité de commerce franco-italien, une question d'actualité s'il est possible, intéressant tout particulièrement les Lyonnais (nos voisins nous fournissant la soie que nous leur renvoyons transformée en soieries).

Aussi, l'assistance est-elle fort nombreuse.

M. COINT-BAVAROT, Vice-Président, demande le premier la parole. Il veut, avant tout, présenter à l'auditoire une Société dont le programme est de la plus noble et de la plus haute conception : l'*Alliance arméno-gréco-latine pour une Union méditerranéenne*, qu'on pourrait également nommer *Zollverein latin*, et qui formerait comme une contre-partie du *Zollverein allemand*.

M. COINT-BAVAROT dit l'origine de la Société, qui naquit en 1865, à Londres, où se trouvaient réunis un certain nombre d'émigrés de tous les pays latins. Aujourd'hui, son siège est à Paris, la Ville-Lumière, qui domine le monde comme une tribune librement ouverte à tous.

Son programme est celui-ci :

Unir par des liens étroits toutes les nations que baigne ce grand lac central, la Méditerranée, et qui sont sœurs par la parenté de race, de religion et de langue : le Portugal, l'Espagne, la France, l'Italie, la Roumanie.

Elles se grouperaient en une sorte d'Etats-Unis, tout en conservant chacune son autonomie, son individualité, sa personnalité ; car, ainsi que l'a dit Emilio Castelar, « une nation qui n'est pas libre n'est pas une nation ».

A ces pays latins viendrait se joindre l'Arménie, une grande et fière nation, jadis prospère et importante, aujourd'hui anémiée, appauvrie, absorbée par ses voisins, opprimée, écrasée, asservie par les Turcs.

L'Arménie retirerait les plus grands avantages de son entrée dans l'Union, qui favoriserait son commerce et son industrie, préparerait l'avènement de sa liberté, préluderait à sa régénération et à son relèvement.

L'Arménie est une nation amie, intelligente et laborieuse, dont le passé est intimement lié à celui des Latins, surtout au nôtre. Lors des Croisades, Français et Arméniens firent cause commune, et leur union fut cimentée par les liens du sang, tellement que le dernier roi de ces chrétiens d'Orient, qui dort le dernier sommeil parmi les monarques à Saint-Denis, Léon VI, descendait de la famille française, ancienne et illustre, des Lusignan.

L'admission des Arméniens dans le *Zollverein Latin* serait à la fois pour nous un acte d'humanité, de générosité, de justice, à cause de la parenté d'origine, de situation, de race, de religion, à cause des liens historiques et parce que cette nation est vraiment gallophile.

Bien qu'elle ne soit nullement riveraine de la Méditerranée, une partie de la Suisse devrait aussi faire partie de l'Union, la partie formée des cantons où l'on parle soit le français, soit l'italien, soit la langue romande ou romane, très voisine du latin.

Il en serait de même encore de deux nations classiques : la Grèce et l'Egypte.

L'Egypte tourne sans cesse ses regards vers nous, appelle de tous

ses vœux l'amitié et la protection de la France, réclame à cor et à cri
son assistance, pressurée qu'elle est et pillée par les Anglais, qui
paraissent la considérer comme une province de leur empire colonial,
et y sont cordialement exécrés.

Au commencement du siècle, la terre des Pharaons a subi l'occu-
pation française, injuste en principe, mais dont elle a retiré des
avantages matériels importants. Sous Méhémet-Ali et ses successeurs,
la France remplit l'Egypte de ses fils, ingénieurs, soldats, commer-
çants, et c'est elle qui a entrepris et mené à bonne fin le percement
de l'isthme de Suez, travaillant ainsi au développement du progrès et
de la civilisation dans cet antique pays.

En un mot, l'**Union Méditerranéenne** comprendrait exactement
tous les territoires qui firent partie de l'Empire romain. Etat immense,
unissant ainsi trois continents : l'Europe, l'Asie, l'Afrique, car
les deux Turquies aussi pourraient entrer en ligne de compte.

Nous sommes en présence d'une idée certainement grandiose,
à la fois humanitaire, politique et économique, qui, à tous les
points de vue, ne pourrait que profiter à tous les pays adhérents,
unis entre eux par des intérêts matériels.

Ce serait une ligue internationale et pacificatrice, dont la source
et la raison d'être seraient principalement dans la solidarité des
peuples.

Les nations sont comme les individus : isolées, elles courent au
dépérissement, à la ruine; unies, elles se soutiennent, se complètent,
marchent côte à côte vers le but commun : le progrès et la prospérité.

La force des choses, la logique, le simple bon sens, l'intérêt de
tous les riverains du bassin méditerranéen préconisent cette **Union**,
cette *Ligue du Bien Public*, qui contrebalancerait avantageusement
l'extension trop grande des empires Russe, Anglais, Allemand.

C'est une œuvre de justice, de conquêtes pacifiques à opposer
à la force brutale, à la mise en pratique de la théorie : « La force
prime le droit. »

Il faut faire abstraction des rancunes personnelles, des rivalités de
peuple à peuple, pour ne voir que l'intérêt commun et veiller au salut
de tous.

Les moyens qui sembleraient les meilleurs pour arriver à la réalisation de ce programme, seraient la suppression des douanes ou l'union douanière, l'uniformité et la libre circulation monétaires absolues, l'uniformité des tarifs postaux et télégraphiques, du calendrier, des poids et mesures, etc.

L'**Union Méditerranéenne** compte déjà plus de quinze cents membres, appartenant à toutes les opinions, à toutes les nations, à toutes les religions, à toutes les professions : hommes d'État, diplomates, mandataires du peuple, littérateurs, savants, journalistes, poètes, négociants, industriels, parlant mille langues, réunis comme en une tour de Babel dont les constructeurs s'entendraient, rapprochés par le même désir de la paix, de la tranquillité, tous « *tous éloquents défenseurs des saintes libertés,* » ainsi que les appelle Ch. Grandmougin.

Et quels sont-ils ces utopistes d'aujourd'hui, prophètes de demain, réformateurs de bientôt ?

Les nommer, c'est faire l'éloge de l'**Union** et affirmer son importance :

M. Gromier, l'instigateur de l'**Union**, son Pierre l'Hermitte, son pionnier infatigable et dévoué, poursuivant depuis vingt-deux ans un but unique, la réalisation d'une seule idée, luttant « pour cette cause sainte » avec une ténacité d'autant plus louable qu'elle est plus rare et n'obéit à aucune coterie politique, exclusivement au service d'un intérêt national.

M. Emilio Castelar, l'ardent patriote transpyrénéen, le chef du parti libéral espagnol, l'ami de la France, homme d'Etat et orateur éminent.

M. José Carrilho Videira, l'illustre éditeur de la *Nouvelle Librairie Internationale*, de Lisbonne.

M. Alfieri di Sostegno, l'ancien vice-président du Sénat italien et le digne héritier des traditions cavouriennes, trop oubliées, aujourd'hui, par le gouvernement italien.

M. Ferdinand de Lesseps, le perceur d'isthmes et le « grand Français ».

M. Iskender, président de l'*Association Patriotique Arménienne*, l'apôtre sympathique, dont chaque discours est une révélation pour le monde des honnêtes gens.

M. le Cheik James Sanua Abou Naddara, l'Égyptien proscrit par les Anglais, improvisateur distingué, polyglotte, ciselant le vers français comme un Parnassien.

M. le baron de TOURTOULON, doyen des latinophiles français et fondateur de la *Revue du Monde Latin*.

Qui encore?... On ne peut les nommer tous. Citons pourtant :

MM. TORRES-CAÏCEDO, RUIZ ZORRILLA, le général ESTÉVANEZ, Xavier de RICARD, José de CASTRO, SÁ-CHAVES, REIS DAMASO, Marco Antonio CANINI, MAINERI, BERRI, MESSERI, MÉZIÈRES, CH. READ, de CASTELLANE NORANTE, Jules MERLEY, DAUMAS, THIAUDIÈRE, Élie FOURÈS, VINGTRINIER, le duc Carlo CARAFA DI NOJA, de SANDOVAL, CALDERON, SAVINE, MUNRO, EKNAYAN, ZATOUROFF, TUYSSUZIAN, RAFFAELLI, VARVARA, Raoul LUCET, Léon CHOTTEAU, SAINT-PAUL, OTTO RENZOS, MOSCHOVACHIS, JONNESCO, A.-S. MORIN, le prince CZERNICHEFF DES PRÉMYSLIDES, Élie ROTULO, STERLIN, DE CHONSKI, MAURY, CHESNEL, ABDUL-KERIM EL-HAOUG'H, Louis DESPAS, ROUX-LAVERGNE, Lucien SALOMON, S. A. le Grand Chérif D'OUEZZAN, etc., etc.

Les organes de l'**Union** ou les publications amies de l'**Idée** ne sont pas moins nombreux :

La *Correspondance Méditerranéenne*, de M. M.-A. Gromier.

La *Lega Latina*, de M. Filippo Lupis.

La *Gazeta Satenului*, de M. Datculescu.

La *Corrispondenza Italiana*, de M. Luigi Thiabaud.

Paliggenesia, de M. Angelopoulo.

La *Revue Française*, de M. Edouard Marbeau, ancien auditeur au Conseil d'État.

Le *Moniteur Général*, de M. de Grandsagne.

La *Revue du Monde latin*, de MM. de Barral et de Saint-Georges, fondée par M. le baron de Tourtoulon.

L'*Union Latine*, de M. Xavier de Ricard.

La *Revue Socialiste*, de MM. Benoit Malon et René Vaillant.

La *Nova Livraria Internacional*, de M. José Carilho Videira.

La *Correspondance helvétique*, de M. Louis Mâcon.

La *Revue Moderne*, de M. Robert Bernier.

La *Revue Rose*, de M. Ch.-H. Lapauze, etc , etc.

J'en passe, et des meilleurs, ne pouvant énumérer tous ces excellents organes spéciaux et renonçant à citer les noms des deux ou trois cents grands journaux, défenseurs de l'idée d'une *union économique* entre tous les pays riverains de la Méditerranée....

Après cette allocution de M. COINT-BAVAROT et cette présentation, accueillie par de chaleureux applaudissements, la **Société d'Économie Politique de Lyon** s'occupe d'une autre Association, ayant pour devise : *Liberté, Espérance, Charité, en même temps que Pitié et Justice*. Puis, **la discussion sur le Traité de Commerce franco-italien** s'engage et suit son cours.

HENRY DERVYL.

(De la Société d'Économie Politique de Lyon.

Lyon 6 janvier 1888.

LE BANQUET DU 5 MARS 1888

Ceux des partisans de l'*Union Méditerranéenne* qui habitent Paris ont l'habitude, depuis le retour de M. GROMIER en France, de se réunir mensuellement en un banquet, pour discuter entre eux les moyens de propagande de leur idée si pacificatrice.

Comme l'*Union Méditerranéenne* n'a pour tout élément constitutif qu'un programme, œuvre de son fondateur, elle n'a pas de Statuts, pas de Comité, encore bien moins d'Administration. M. GROMIER dirige son œuvre d'une manière absolument amicale, acceptant purement et simplement l'aide moral et matériel de ses adhérents, correspondant avec eux tous, rédigeant pour eux tous des Rapports et des Instructions périodiques dont les frais sont couverts par des souscriptions volontaires, les conviant tous à des dîners mensuels payés par cotisations.

Les Dîners Parisiens de l'*Union Méditerranéenne* n'ont pas de présidence inamovible et le nombre des convives n'est pas limité. Les Dîners précédents ont réuni d'abord 24, puis 47, 58, 72 et enfin 115 camarades. Ils ont été tour à tour présidés par un Espagnol, Emilio CASTELAR ; — un Portugais, José CARRILHO VIDEIRA ; — un exilé volontaire dans l'Amérique du Sud, le général ESTÉVANEZ ; — un Arménien, ISKENDER ; — un Lyonnais, COINT-BAVAROT ; — un Egyptien, SANUA ABOU NADDARA ; — M. Gabriel EKNAYAN, de Constantinople ; — M. Lucien SALOMON, président de la Chambre de Commerce française de Milan ; — enfin, par le caïd-agha marocain ABDUL KERIM EL HAOUGH (le breton Amédée BILLETTE de Villeroche).

Voici le programme, puis le compte rendu du *Dixième Dîner Parisien* de l'**Union Méditerranéenne**, donné en l'honneur des Membres de l'**Union Latino-Américaine**, le lundi 5 mars 1888, chez VANTIER. Nouvelle Salle des Fêtes. 8, avenue de Clichy, place Moncey.

DINER : **7 HEURES PRÉCISES**

POTAGES :	PRINTANIER ET TAPIOCA.
HORS-D'ŒUVRE :	DE SAISON.
RELEVÉ :	SAUMON SAUCE CAPRES.
ENTRÉE :	FILET SAUCE MADÈRE ET CHAMPIGNONS.
ROTI :	POULET ROTI AU CRESSON.
SALADE :	DE SAISON.
LÉGUMES :	HARICOTS VERTS ET FLAGEOLETS A LA MAITRE-D'HOTEL
DESSERT :	FROMAGES, CORBEILLE DE FRUITS, BISCUITS.
VINS :	MACON, BORDEAUX, CHAMPAGNE.

CAFÉ ET LIQUEURS

TOASTS, DISCOURS & POÉSIES

TOASTS : *A l'Union Latino-Américaine*, par M. ROUX-LAVERGNE, maire de Lorient ;

A M. Ferd. de Lesseps, par M. LABARRIÈRE, de Veraguas, Colombie ;

A l'Union Méditerranéenne, par M. BOURGEOIS, député du Jura ;

A nos amis les Russes, par M. Raoul LUCET (Émile GAUTIER) ;

A l'Union Slavo-Latine, par M. le prince CZERNICHEFF DES PRÉMYSLIDES ;

A la délivrance des peuples opprimés, par M. A.-S. MORIN ;

A la Fraternité de tous les Peuples, par M. H. BUFFENOIR ;

A l'Alsace-Lorraine, par M. NŒTINGER.

DISCOURS : *Nécessité d'une Réforme Consulaire*, par M. Léon CHOTTEAU ;

Supplique à la France, protectrice des Chrétiens d'Orient, par M. ISKENDER ;

Remerciements à la France, amie réelle du peuple égyptien, par M. SANUA ABOU NADDARA.

POÉSIES : *La Maison Krupp et Cⁱᵉ*, par M. Eug. BRETON ;

La Guerre, par M. Louis ALBIN ;

L'Arbre de la Liberté, par M. Marc BONNEFOY.

CONCERT VOCAL & INSTRUMENTAL

PROGRAMME

1º *Pardon de Plöermel*........ .... MEYERBEER.
Par M. TESSEYRE, du Conservatoire de Paris.

2º Trio, fantaisie sur le *Châlet*.
Exécutée par Mlle Berthe DURANTON, MM. MONGE et Ch. JOBERT.

3º { A *Mélodie*...... .... GOUNOD.
{ B *Bacchanale* .... COR-DE-LASS.
Par BUSSAC, de l'Opéra-Comique, accompagné par l'AUTEUR.

4º Air des Bijoux, de *Faust*............. .... GOUNOD.
Mᵐᵉ DE GRANDSAGNE.

5º *Rapsodie Hongroise*........ .... LITZ.
Mˡˡᵉ Berthe DURANTON.

6º Boléro (*Filles de Cadix*)................... DELIBES.
Mᵐᵉ DE GRANDSAGNE.

7º *Pizzicato-Polka*. .... BÉROU.
M. MONGE.

8º Grand duo d'*Herculanum*............. .... E. DAVID.
Par Mᵐᵉ DE GRANDSAGNE et M. J. BUSSAC.

Camarades absents pour raisons indépendantes de leur bonne volonté, et qui se sont excusés par lettres charmantes :

M. Ferdinand de LESSEPS, Don Enrique PALACIOS, le Sénateur Ed. MILLAUD, les Députés MÉZIÈRES, Jules THIESSÉ, LAISANT, DELATTRE, du BODAN, LAUR, Émile JAMAIS; MM. DESMAREST, L.-L. VAUTHIER, docteur Gustave de BEAUVAIS, DAUMAS, Et. CARJAT, Alfred LE PETIT, baron de TOURTOULON, André BRESSON, MEULE-MANS, Jean RAMEAU, Félix JAHYER, H. DESTREM, Edmond THIAU-DIÈRE, Albert SAINT-PAUL, LUCY, YPERMAN, Eugène MOREL, Désiré CORDIER, docteur P. BOYER, BILLETTE DE VILLEROCHE, Germain PICARD, PINIER, DENNÉ, FERRENT, PINART, THIABAUD, MIALON, HOGUET, THURNER, CHÉNIEUX et REDIER.

Camarades présents, par ordre d'arrivée :

MM. Élie FOURÈS, GROMIER, CZERNICHEFF, STERLIN, HOUSSAYE, MAURY, RAQUENI, LAPAUZE, ISKENDER, Gabriel EKNAYAN, R. MARGOSSIAN, C. PEHLIVANIAN, H. HUNKIARBEYENDIAN, O. TUYSSUZIAN, P. TOTVANIAN (et dix-huit autres Arméniens), CHESNEL, MASSON, VERSEPUY, de MIRANDA, Élie ROTULO, GUIGOU, BRUNET, NAVARA, SCHILDKRETT, SANUA 'ABOU NADDARA, LÉVY (Gustave), Ch. READ, BOURGEOIS, LEBOUT, DESPAS, RICHARD, ALBIN, A.-O. MUNRO (et dix Égyptiens, trois Tunisiens, deux Marocains, cinq Grecs ou Levantins), Michel KANNER, CHOTTEAU, HERBERT, BONNEFOY, GIOMARCHI, Émile GAUTIER, BUFFENOIR, A.-S. MORIN, d'ALEX, de PUIGANDEAU, ESTÈVE, Émile CLERC, CROUIGNEAU, de CHONSKI, NESTI, Robert BERNIER, PEDOUX, GOUBET, ROUX-LAVERGNE, NŒTINGER, de GRANDSAGNE, BESHIKTASH, Ch. CADIOT, Albert ROUSSEAU, VESNIER, Georges LOEN, Émile PROBIN, CHARRASSIN, PICQUERET, Louis MACON, RANEL, BRETON, LABARRIÈRE, IMLÉ, TONYCS, MARCHAND, VARVARA, *Agence Havas*, *Agence Libre*, *Petit Journal*, *XIXᵉ Siècle*, *Voltaire*, *Correspondance Helvétique*, *Corrispondenza Italiana*, *Correspondance Méditerranéenne*, du CONOYZ, de FILIGNAC, REYBOUBET, et plusieurs retardataires non inscrits.

NOTA BENE. — Le Banquet du 5 mars n'ayant été décidé qu'au dernier moment, beaucoup de camarades ont reçu leur invitation trop tard.

Au dessert, M. Gromier a donné lecture des télégrammes et des lettres des absents. Puis, après quelques paroles de remercîments à l'adresse de toute l'assistance, il a prié les orateurs inscrits de parler dans l'ordre qu'il leur avait indiqué. Voici le texte des toasts, discours et poésies qui ont été successivement entendus et chaleureusement applaudis.

TOAST DE M. ROUX-LAVERGNE

MAIRE DE LA VILLE DE LORIENT

A l'Union Latino - Américaine.

MESSIEURS,

C'est une fortune heureuse pour nous, et en particulier pour la ville de Lorient, que j'ai le grand honneur de représenter ici, de saluer l'Union Latino-Américaine.

Par des relations fréquentes et intimes, sans se confondre ou s'absorber, les peuples apprennent à se connaître, à s'apprécier, à s'estimer. De là, naît une communauté d'idées, d'intérêts, qui tend nécessairement, sinon à supprimer l'emploi de la force brutale, du moins à en atténuer les à coups irraisonnés, et finira, nous en avons la conviction, par mettre en tous lieux *la force au service du droit*. La France en a souvent donné l'exemple au monde.

Ce n'est pourtant pas uniquement à cause de la grandeur de son but, de la fécondité de ses résultats que j'ai tenu à apporter la bienvenue à l'Union Latino-Américaine.

J'obéis à un sentiment que vous comprendrez facilement quand je vous aurai fait connaître les liens déjà anciens qui unissent aux Amériques la ville de Lorient.

Deux marraines ont présidé à la naissance de Lorient : La Compagnie des Indes Orientales ou Grandes Indes, et la Compagnie des Indes Occidentales, comme on appelait alors l'Amérique.

Jusqu'en 1790, Lorient fut le seul port de France où pouvaient aborder en franchise les navires américains qui nous apportaient les richesses du Nouveau-Monde.

Vers la même époque fut créé un service régulier de paquebots entre Lorient et l'Amérique. Ce fut notre première ligne transatlantique.

Frappés des avantages qu'offrait la rade de Lorient, de la commodité de ses abords, de la sécurité de ses abris, et aussi, à vrai dire, de ce que de toutes nos côtes c'est le point le plus rapproché de l'Amérique, en 1788, les Américains sollicitèrent l'autorisation d'établir dans une des baies de notre rade, des quais, des bassins, un entrepôt de marchandises.

Les circonstances, la libre entrée de nos ports bientôt proclamée, plus encore les guerres maritimes du siècle dernier, ne permirent pas la réalisation de ces projets.

Étrange retour des choses d'ici-bas ! Dans cette anse choisie en 1788 par les Américains, il y a juste un siècle, le Conseil Municipal et la Chambre de Commerce de Lorient créent en ce moment des wharfs en eau profonde, afin de renouer avec l'Amérique les anciennes relations de voisinage, et de profiter, pour leur part, du courant commercial qu'amènera vers le Vieux-Monde, au travers de l'Isthme de Panama, l'œuvre immortelle de notre illustre concitoyen, M. Ferdinand de Lesseps. (*Applaudissements répétés.*)

À Lorient, nous y mettrons une telle persévérance — la persévérance bretonne —, tant de bonne volonté, tant de bon accueil que nous avons le ferme espoir de voisiner encore avec nos voisins, nos voisins d'en face, les Américains. (*Bravos enthousiastes*).

Ce salut de bienvenue que je donne de si grand cœur à l'Union Latino-Américaine, pour moi, c'est un ressouvenir des jours heureux de la jeunesse de ma ville natale, c'est l'espérance de sa maturité.

MESSIEURS :

À l'*Union Latino-Américaine !*

TOAST DE M. L. BARRIÈRE

DE VERAGUAS (COLOMBIE)

A M. FERDINAND DE LESSEPS.

MESSIEURS,

Au nom des membres de l'Union Latino-Américaine de cette ville, et comme continuateur de l'organisation fondée en 1879 par M. Torres Caïcedo, j'ai à répondre à M. Gromier et à M. Roux-Lavergne pour les remercier, le premier, de nous avoir invités à ces agapes fraternelles, et le second, pour ce qu'il a si bien rappelé à propos des relations entre l'Amérique et la ville de Lorient, dont il est le maire.

Ceci me fait penser au canal interocéanique de Panama, qui contribuera tant à l'extension des relations intercontinentales, d'autant plus qu'aux attaques acharnées dont il est l'objet, il y a à opposer le témoignage bien impartial de M. Rousseau, commissaire du Gouvernement français, envoyé il y a deux ans pour faire un rapport officiel, à savoir: que c'est une question d'amour-propre et d'intérêt pour la France de terminer l'œuvre commencée, car autrement, les avantages en reviendraient à une autre nation.

A présent, Messieurs, comme témoignage des égards dus au Président de l'Union Latino-Américaine, M. Ferdinand de Lesseps, empêché de se trouver ici parmi nous, je vous demande de porter un toast en son honneur :

MESSIEURS,

Au nom des latins du Monde Nouveau, je bois à l'immortalité du plus méritant des latins du Vieux Monde, au Grand Français, à M. Ferdinand de Lesseps !..... (*Grands applaudissements. L'orateur est vivement félicité.*)

TOAST DE M. BOURGEOIS

DÉPUTÉ DU JURA

A l'Union Méditerranéenne

MESSIEURS,

Lorsque je reçus une invitation à ce banquet, j'écrivis à votre honorable président que je l'acceptais avec le plus grand plaisir. — Il voulut bien me télégraphier pour me demander si j'avais l'intention d'y porter la parole, et je lui répondis par la même voie que, nouveau venu parmi vous, je voulais rester à la place modeste qui convient aux néophites. Mais, par suite de circonstances, et en l'absence du Président désigné, je me vois à la place d'honneur et l'on m'assure qu'en ma qualité de député, j'ai presque le devoir d'élever la voix au milieu de vous.

Il m'est d'autant plus difficile d'y échapper que je dois faire cesser une équivoque qui vient de se produire, lorsque M. Labarrière de Veraguas, croyant adresser des éloges bien mérités à M. le maire de Lorient, M. Roux-Lavergne, a, par erreur, prononcé mon nom à différentes reprises.

En appelant de toutes mes forces la réalisation des vœux si éloquemment exprimés par ces deux honorables orateurs, permettez-moi de boire à mon tour à l'union des races latines. (*Vifs applaudissements*).

Je sais que des deux côtés des Alpes il y a, sur ce point délicat, des tendances opposées, des opinions diverses ; je n'ignore pas que, de part et d'autre, les gouvernants des deux pays ont pu se donner, sans intention, quelques sujets, peu graves, de mécontentement, dont j'ai d'autant moins à parler ici qu'ils ne peuvent être de longue durée. Du reste les gouvernements passent et, à travers les instables ministères qui tombent, se relèvent, tombent encore, reviennent et disparaissent, je vois, je ne veux voir que les immuables intérêts des peuples qui restent. Aussi, en souhaitant comme vous leur union, je voudrais la commencer par l'unité douanière de la France et de l'Italie, qui, dans

4

un avenir prochain, aurait pour effet de faciliter une exploitation mieux
entendue de la vaste péninsule italienne et de notre belle France, et
d'obtenir une puissance productive plus grande et plus profitable à la
solidarité humaine.

Il est vrai qu'une clause funeste de nos conventions commerciales et
du traité de Francfort enchaîne notre liberté d'action et que, jusqu'en
1892, nous ne pouvons espérer de profondes modifications dans nos
relations économiques extérieures, mais si chacun des deux peuples
latins s'habituait à agir en commun dans tout ce qui touche à l'exis-
tence matérielle, les goûts, les pensées, les tendances se mêleraient aux
intérêts, et de ces rapports incessants surgiraient bientôt une communion d'idées et de sympathie mutuelle qui faciliterait considérablement
un rapprochement nécessaire.

L'antagonisme de la France et de l'Italie ne peut exister ; leurs races
se confondent, comme en 1859 leurs armes pour faire l'unité italienne,
et, quelles que soient les promesses ou les menaces de puissants monarques dans la sphère de la politique, une mise en pratique de la solidarité des races latines s'impose aux deux peuples. Ils sont de la même
nationalité morale, et leur industrie, leur production peuvent se rap-
procher, s'échanger, se confondre dans une communauté d'intérêt. — Il
n'est pas douteux que, dans l'ensemble, tous deux gagneraient considérablement à la liberté des échanges et jouiraient d'une sérénité inconnue
en Europe. D'ailleurs l'expérience a démontré que rien de durable ne se
fait que par la liberté, et tandis que la liberté de conscience rapproche
les hommes par la pensée, la liberté commerciale unit les peuples par
la fusion de leurs intérêts. (Très bien ! Voilà de la logique !..... Vive
le libre-échange !.....)

Si, en 1870, la Prusse, profitant des fautes successives de Napoléon III,
a osé le forcer à déclarer la guerre, c'est que, depuis 1819, et particulièrement depuis 1825, elle avait commencé le Zollverein, c'est-à-dire
l'union des douanes entre les États allemands, et solidarisé les intérêts
à ce point qu'au premier coup de canon l'Allemagne entière devait se
lever, et l'Allemagne s'est levée — pardon, l'Autriche allemande avait
été laissée à l'écart dans ce concert d'intérêts allemands, et l'Autriche
est restée à l'écart.

Mais ce sont là jeux de princes ! pour eux la guerre est le principal
moyen de la délimitation des États et le traité de paix un maximum de
progrès.

Tout autre est votre but, toutes différentes doivent être les conséquences des idées préconisées par « l'Union Méditerranéenne », et je
l'en félicite.

C'est par des conventions librement consenties, par des associations,
des groupements de tendances qu'il convient de délimiter la terre. —
Les peuples ont pu se battre sous la pression de guerriers ambitieux,
mais le travail et l'intelligence ont dorénavant répudié le droit de la
force ; c'est à la production du sol, à la science, au génie de l'industrie à
présider aux rapports internationaux ; l'humanité le veut, l'impose,
l'exige.

Sachons vouloir avec elle ! (*Bravo! Vive l'Union Méditerranéenne!*)

TOAST DE M. A.-S. MORIN

DOYEN DES ÉCONOMISTES FRANÇAIS

A tous les Peuples opprimés

M. A.-S. MORIN propose un toast à tous les peuples opprimés; ce qui comprend, dit-il, la généralité des peuples de l'Europe. Car tous, et même ceux qui, comme la France, sont en possession de leur autonomie, sont opprimés par le fléau de la *paix armée* ; c'est un véritable cancer qui les ronge, les épuise et prépare leur ruine. Indépendamment des charges écrasantes qui en résultent, il impose aux populations la servitude la plus odieuse en leur ravissant les plus belles années de leur jeunesse, en les enlevant à leur famille, à leurs occupations, pour les dresser à l'art de s'entre-tuer. Est-ce vivre que d'avoir sans cesse la perspective d'une guerre qui peut éclater d'un moment à l'autre et qui dépend du caprice d'un potentat ? Les nations sont ainsi livrées à la discrétion de quelques hommes d'Etat, qui peuvent à chaque instant déchaîner les horreurs du carnage et de la dévastation.

Cette situation est intolérable et indigne d'hommes de cœur. Comment y mettre un terme? Comment délivrer les populations de cet affreux cauchemar ?

Ah! Le moyen est bien simple. Il faut séparer la cause des gouvernements de la cause des peuples. Qu'on se réveille et qu'on sorte enfin de la torpeur où nous sommes plongés. Que, dans tous les pays, l'esprit public se prononce avec énergie contre la guerre. Tous les peuples ont également intérêt à l'isoler. Il n'est pas de famille qui ne désire affranchir ses enfants de l'obligation d'exposer leur vie pour satisfaire l'ambition d'un maitre. Il n'est pas un individu qui ne veuille échapper aux désastres qu'entraine la guerre. Mais il ne faut pas se contenter de vœux isolés et stériles. Il faut que les amis de la paix se concertent, qu'ils emploient tous les moyens de propagande, les brochures, les journaux, les réunions publiques ; qu'ils combattent pour la cause de l'humanité en déployant une activité infatigable. Alors se formera le concert immense de l'opinion publique, dont la puissance sera irrésistible.

Comme première étape dans cette campagne du bien public, on réclamera à cor et à cri l'arbitrage, qui sera un moyen souverain pour régler les conflits internationaux. Personne n'a plus le droit de traiter d'utopie cet expédient dont l'expérience a démontré l'efficacité. Depuis 50 ans, il y a eu plus de 10 cas d'arbitrage. Et tout récemment encore, à propos des Iles Carolines, c'est par un arbitrage que s'est terminé le différend entre l'Allemagne et l'Espagne. Tout le monde comprendra qu'il est insensé de recourir à la force brutale, de faire couler des flots de sang, quand on a sous la main un moyen simple et facile de faire juger tous les différends par des arbitres librement choisis. (*Bravos prolongés*).

Une fois que l'idée d'arbitrage sera entrée dans les esprits, la guerre deviendra impossible, car, aussitôt qu'il s'élèvera entre puissances un conflit quelconque, l'opinion réclamera hautement l'arbitrage. Et cette voix sera toute puissante. Les princes, les hommes d'Etat, les généraux avides de batailles seront bien obligés de déférer à ce vœu unanime des populations.

Dès qu'on aura compris que l'arbitrage a la vertu d'empêcher les guerres, on en conclura qu'il n'y a plus de guerre possible ; d'où la conséquence, c'est qu'il est déraisonnable de conserver des armées colossales, qui ne doivent plus servir à rien. Il y aura donc nécessité de les réduire simultanément et progressivement, jusqu'à ce qu'il ne reste que ce qui est strictement nécessaire pour la police intérieure.

Vous voyez, chers concitoyens, que ces conséquences s'enchaînent et que nous ne poursuivons pas un rêve chimérique, mais bien une réalité qui est en notre pouvoir. (*C'est absolument juste*).

Quand nous aurons ainsi vaincu le démon de la guerre, rien ne s'opposera à ce que, pour couronner cet édifice pacifique, toutes les nations de l'Europe forment une confédération à l'instar de celles d'Amérique et de Suisse, où chaque Etat conservera sa législation et ses institutions propres, tandis que l'unité existe par rapport à l'étranger et que les diverses patries sont unies en faisceau sous l'empire de la patrie fédérale. Espérons que, dans un avenir prochain, nous pourrons voir ces brillants résultats et saluer les Etats-Unis d'Europe. (*Applaudissements chaleureux*).

Pour varier les impressions de l'assistance et accentuer un peu la note patriotique, M. GROMIER donne alors la parole à MM. BRETON et ALBIN.

LA MAISON KRUPP ET Cie

AUX MANES DE KATKOFF

L'Europe entière sous les armes
L'Europe entière sur les dents
Connaît d'incessantes alarmes
Et des budgets sans précédents.

Arguant de la présente impasse
Qu'il faut saigner la France à blanc,
L'auteur de tout ce qui se passe
Voudrait nous voir prêter le flanc.

Patientons, quoiqu'il fulmine...
L'Europe attentive, debout,
Voyant qui la sape, la mine....
En viendra bien, un jour, à bout.

S'il a proclamé que la Force
Doit primer le droit ici-bas,
Parodiant le César corse,
Il fait bénir son branlebas.

Le casque à pointe et la tiare
Entrelacés, vont, nous dit-on,
Luther doit la trouver bizarre.
Germ...aniser le droit canon.

Quel triomphe pour la science !
A rayer l'engin de la Foi,
La maison Krupp, en conscience,
Travaille pour le Pape-Roi.

Contre une entente Franco-Russe
Entendez-vous l'enfant de chœur
Psalmodier : « Sauvons la Prusse
Et Rome, au nom du Sacré-Cœur ! »

Superbe et bizarre, la Victoire
Déverse, égare ses faveurs
Sur les Alphonse de l'histoire,
Tour à tour vaincus et vainqueurs.

En attendant, tout languit, souffre...
Et le crédit stérilisé
Glisse et s'en va tomber au gouffre
Où le travail râle, épuisé.

L'Europe entière sous les armes...
L'Europe entière sur les dents...
Connaît l'auteur de ses alarmes.
Et des budgets sans précédents.

Mais vienne l'ultime campagne
Il verra l'or pur des lingots,
Pour dégriser son Allemagne,
Sortir en plomb de nos flingots.

EUGÈNE BRETON.

(Applaudissements répétés).

— · — · — · — · —

MESSIEURS,

D'éloquents orateurs viennent de parler, en termes d'ailleurs très-sympathiques pour notre nation, des batailles futures, fatales.

Sur la prière de mon ami Gromier, je vais, moi, modeste soldat de France, évoquer devant vous le triste passé.

Et si, comme Hugo l'a dit, « se souvenir c'est prévoir », j'ai la patriotique confiance que les luttes de l'avenir seront plus heureuses pour ma
Patrie. Je le crois d'autant mieux, Messieurs, que nos amis les Russes
ne feront pas comme ils ont fait en 1870, et marcheront cette fois, avec
nous, contre l'ennemi commun.

LA GUERRE (FRAGMENTS)

*A la mémoire de Rodier
Bazille, de 3e zouaves, tué
à l'ennemi.*

Je t'ai vu, noble enfant, dresser ta haute taille
    A l'ombre du drapeau ;
Je t'ai vu, camarade, au feu de la bataille
    Défendre le drapeau ;
J'ai vu ton sang couler par une large entaille
    Sur les plis du drapeau ;
Et je t'ai vu mourir, frère, sous la mitraille
    En baisant le drapeau.

                  L. A.

JUILLET 1870.

O sol des grands aïeux, ô vieille et noble terre
Qui de la liberté fut le puissant berceau,
Ne t'ouvriras-tu pas, formidable cratère,
Pour nous rendre Kléber, Desaix, Hoche ou Marceau ?

Sursum corda ! Qu'au vent le tocsin des alarmes
Jette, suprême appel, ses fulgurants éclats !
C'est l'ennemi, Français ! Debout, debout ! aux armes !
C'est l'ennemi !! Partout se lèvent des soldats !

Ils viennent par milliers des faubourgs et des rues :
Il en sort des chantiers, des bureaux, des sillons ;
Mobiles, vétérans, ont quitté les charrues,
Les outils, pour aller « former leurs bataillons ».

« Partez, enfants, partez, fils de la République !
De la France trahie il faut sauver l'honneur ! »
La *Marseillaise* gronde et son rythme héroïque
Leur met l'éclair aux yeux et la vengeance au cœur.

...Tous en avant ! Le clairon sonne,
A l'horizon passe un éclair ;
L'acier brille, le canon tonne,
La mitraille siffle et bourdonne,
La charge bat — déchirant l'air !

LA BATAILLE

Pour venger le Présent et faire l'Avenir,
        O France, mère bien-aimée !
De leurs aïeux gardant l'immortel souvenir
        Tes enfants pour toi vont mourir !
        O France, bénis ton armée !

Voici le jour ! — Au ciel les étoiles pâlissent,
Le matin souriant chante dans les grands blés :
C'est le Réveil. Au camp, les clairons retentissent
Annonçant la bataille aux soldats assemblés.
La Patrie en danger appelle tous ses braves,
Et brandissant le glaive, étincelant éclair,
Elle crie : En avant ! — Et l'on voit, fiers et graves,
Se ruer à la mort les bataillons de fer.

Midi ! Le grand soleil éclaire la tuerie
Et fait un nimbe d'or aux drapeaux frissonnants
Qui, portant dans leurs plis, l'espoir de la Patrie,
Flottent, audacieux, sous les canons tonnants.
On frappe, on tue, on meurt ! La froide baïonnette
Grince et trouant la chair va déchirer le cœur ;
La crosse en s'abattant, siffle, brise une tête
Et le bronze affolé rugit avec fureur.

Le jour baisse. — Des cieux tombe le crépuscule ;
On lutte corps à corps dans la boue et le sang ;
Mais le nombre l'emporte et la France recule
Lentement, pas à pas, le regard menaçant ;
Aux dernières lueurs des moissons consumées
Les nôtres vont tenter un gigantesque effort.....
Et dans l'air, à travers les bruits et les fumées
Passe, fauchant la Vie, un fantôme : la Mort !

Les escadrons martyrs sont prêts et les mitrailles
Ne feront point pâlir les fronts de ces ardents.
Sur le cou des chevaux penchant leurs grandes tailles,
Ils vont, colère au cœur, sabre en main, bride aux dents !
Dans les rangs allemands voyez passer la charge !
Effroyable ouragan ! Ils vont, ils vont toujours !
Pas un ne reviendra, mais la trouée est large
Et les morts ennemis indiquent leur parcours.

Un silence de deuil. — Dans la nuit froide et sombre
Douze coups sont tombés des vieux clochers branlants :
Des prés, des bois, des champs, des hauts taillis plein d'ombre
Se dressent de nos morts les fantômes sanglants.
Fantassins, cavaliers, entassés pêle-mêle,
A l'heure de minuit lèvent leurs pâles fronts,
Pour écouter le vent qui porte sur son aile
Les fracas de la poudre et le chant des clairons.

Pour venger le Présent et faire l'Avenir,
        O France, mère bien-aimée !
Tes enfants voulaient vaincre et n'ont pu que mourir
        En t'envoyant leur suprême soupir,
        France, pardonne à ton armée !

LA GUERRE

Ah ! maudite sois-tu, Guerre impie et féroce,
Dont le bras homicide armé du glaive atroce
        Saigne l'humanité !

Ah ! maudite sois-tu, Guerre, toi qui proclames
Que le Droit n'est qu'un mot et détruis dans les âmes
      Toute fraternité.

Oui, maudite sois-tu, Guerre fauve et cruelle,
Pourvoyeuse de mort qui, d'un coup de ton aile
      Comme d'un coup de faux,
Frappes dans nos sillons, abats cent mille vies,
Et plonges dans le sol tes mains rouges, ravies
      De creuser des tombeaux.

Oui, maudite sois-tu, Guerre, effrayant vampire,
Dont la bouche collée aux flancs du monde aspire
      Le plus pur de son sang !
O Guerre, je t'ai vue, effroyable prêtresse
Des charniers, te ruer, en ton ignoble ivresse,
      Au ruisseau rougissant.

VISION

Ainsi devant ces morts et ces crimes je rêve;
Mon être se révolte à ces égorgements,
Et l'esprit encor plein des épouvantements
Du massacre, j'appelle une éternelle trêve,
Quand devant moi se dresse une vision pâle :
O ma France ! O ma mère ! O mon amour! c'est toi !
Je t'aime ! A ton enfant, dicte, dicte ta loi !
Parle, je t'appartiens jusqu'à mon dernier râle !
Ah ! laisse-moi baiser tes douces mains chéries !
Laisse-moi, laisse-moi, France, essuyer tes pleurs !
Je t'aime tant, Patrie, ô mère des Douleurs !
Parle ! Parle !
         — « Je songe à mes filles meurtries.
A l'Alsace au front pur, à la blonde Lorraine,
Qui du fond de l'exil tendent vers moi leurs bras.
Ah! la guerre est parfois juste ! Tu sentiras
Quelque jour, en ton cœur, soldat, gronder la haine ! »

La vision s'est effacée,
Et, de ma poitrine oppressée,
Jaillit le cri de ma pensée :
Patrie, à toi tout mon amour !
Si les Destins, voulant la guerre,
La rendaient encor nécessaire,
Pour ton Droit, nous saurions la faire,
O ma France ! En vienne le jour !

Louis Jean Alais.

(Grande émotion..... Bravos prolongés).

TOAST DE M. ÉMILE GAUTIER

Du *Petit Journal*

A nos Amis les Russes

Ce n'a point été, Messieurs, sans de longues hésitations ni même sans une sorte de terreur que, cédant aux flatteuses instances de notre ami M. Gromier, j'ai fini par accepter de prendre la parole ce soir dans une réunion comme celle-ci.

Cette émotion légitime, dont l'angoisse n'a pas cessé de me serrer la gorge, ne tient pas seulement à la conscience profonde que j'ai de mon insuffisance. Je suis, en effet, de ceux qui pensent que quiconque parle avec son cœur est toujours à la hauteur du devoir oratoire que lui auront imposé les circonstances. Mais nous sommes à une époque fiévreuse et tragique où les peuples énervés prêtent une oreille irritable au moindre bruit, et où la plus humble des voix, enflée outre mesure par des échos menteurs, peut déchaîner au loin la tempête. C'est le moment de veiller sur les mots malheureux qui blessent et qui tuent c'est le moment de tourner sept fois sa langue dans sa bouche, suivant le précepte du sage, avant de livrer sa pensée aux périlleuses interprétations des enthousiasmes du dedans et des jalousies du dehors.

Il y a de quoi hésiter ; il y a de quoi avoir peur. Et nous devons ici plus que partout, où le prestige, non pas de l'orateur, mais de la tribune et de l'auditoire, peut donner au moindre écart de langage une si longue et si grave portée, nous devons éviter avec soin, non seulement tout ce qui ressemblerait à de l'humilité, mais aussi tout ce qui ressemblerait à de la jactance; tout ce qui ressemblerait à de la provocation, comme tout ce qui ressemblerait à de la faiblesse.

Cependant, je parle! Puisque j'ai été précédé par un législateur, dont la voix plus autorisée que la mienne écarte le plus gros des responsabilités, je me hasarde à prendre la parole à mon tour. Je n'ai, d'ailleurs, à prononcer que des paroles de paix et de fraternité, et nul de ceux qui sont assis autour de ces tables joyeuses du banquet de la solidarité internationale ne pourra se dispenser d'applaudir aux espérances dont je me propose d'évoquer l'aube prochaine. C'est là ce qui me rassure et m'encourage. (*Bravos répétés*).

Messieurs, les Sociétés dont nous célébrons aujourd'hui la communion ont entrepris une œuvre immense et généreuse, la plus haute peut-être et la plus féconde de ce siècle, celle qui consiste à hâter l'accomplissement des décrets de la nature et de la fatalité historique, en opérant l'union des races latines qui vivent autour de la Méditerranée, comme des races latines d'en face, ainsi que mon co-breton M. Roux-Lavergne, appelait tout à l'heure les jeunes sœurs américaines. (*Vifs applaudissements*).

L'œuvre est prodigieuse, sans doute, compliquée, difficile, grosse de périls peut-être. Mais je vous le demande, lorsque Frédéric List, ce Wurtembergeois dont il faut toujours citer le souvenir quand il s'agit de lignes internationales, prit tout seul l'initiative de cette campagne qui devait aboutir à la création du Zollverein Germanique et faire singulièrement plus pour l'unité allemande que toutes les victoires des armes prussiennes, bien d'autres obstacles, bien d'autres difficultés surgissaient sous ses pas. Il en est venu à bout, cependant, à force d'énergie, de courage et de ténacité.

Pourquoi l'Union Méditerranéenne, qui compte dans son sein des hommes aussi éminents que don Emilio Castelar, — je crois que ce nom seul suffira pour confondre les sceptiques et les envieux — pourquoi l'Union Méditerranéenne ne réussirait-elle pas à faire ce qu'un seul homme, avec ses seules ressources et dans les pires conditions, a réussi à accomplir ? (*Oui! Oui! En avant!*)

Pourquoi ne réussirait-elle pas à grouper en un seul faisceau toutes les nations latines, issues d'une souche unique, parlant des langues parentes, appartenant au même morceau d'histoire et à la même zone géographique, et que tous les ambitieux, tous les renégats, tous les chanceliers de fer, tous les partisans de la force primant le droit, tous les pêcheurs en sang trouble n'empêcheront pas de fraterniser par les souvenirs, les tendances, les traditions et les instincts ?

Pourquoi ce syndicat de sentiments et d'intérêts ne s'étendrait-il pas, par de là les montagnes et les flots, jusqu'aux Colonies latines qui ont essaimé au loin, depuis la Roumanie des bords de la Mer Noire jusqu'aux Colonies hispano-américaines de l'autre côté de l'eau? (*Tonnerre d'applaudissements*).

Pourquoi n'englouerait-il pas et les Grecs, ces Latins avant la lettre, qui furent les maîtres de l'Occident avant d'en devenir les clients et les pupilles, et l'élite des Arabes, qui relient le monde antique au monde moderne puisqu'ils transmirent à l'Espagne l'héritage enrichi de la civilisation grecque, et l'Egypte, cette autre terre classique, qui, pour être aujourd'hui violée par les Anglais, changée en une sorte d'Irlande africaine, n'en est pas moins française, c'est-à-dire latine, de cœur, et l'Arménie, enfin, si bien représentée ici par vingt-cinq de ses citoyens les plus éminents et par son orateur le plus illustre, l'Arménie qui est naturalisée française depuis les Croisades et baptisée du sang français des princes de Lusignan ? (*Les Arméniens se lèvent et remercient*).

Je vous dis : Oui, cette union se fera parce qu'elle est commandée par la nature même des choses. Les peuples, voyez-vous, ont leurs pentes, comme les fluides, et comme les éléments chimiques, ils ont leurs affinités électives et leurs formes nécessaires de cristallisation spontanée. L'Union Méditerranéenne, l'Union Arméno-Gréco-Latine, de Trébizonde à Panama et d'Anvers aux Pyramides se fera tôt ou tard, parce que c'est un précipité historique naturel et fatal, conforme aux éternelles lois du clivage des sociétés, et dont notre rôle doit se borner à favoriser et à hâter le dépôt.

Eh bien ! quand cela sera fait, le dernier mot ne sera pas dit encore. Il nous restera à tendre la main à une autre race jeune, fière et vigoureuse, qui a droit, elle aussi, à l'accès sur la Méditerranée commune, à la race par excellence des alliés et des frères, à la Russie, à nos amis les Russes ! (*Applaudissements enthousiastes.*)

C'est pour moi, Français, Messieurs, je vous le jure, un immense honneur et une exquise joie de pouvoir dire ici, tant en mon nom personnel qu'au nom de l'unanimité de mes compatriotes, tout le bien que pense la France de la grande sœur Slave du Nord.

Je ne sache pas, en effet, que l'histoire enregistre un autre exemple d'une amitié aussi vive, aussi profonde, aussi fidèle, entre deux peuples, que celle qui, en dépit de la distance, en dépit des différences de race, de tempérament et de mœurs, en dépit des malentendus politiques et des batailles furieuses, unit les Français et les Russes d'un bout de l'Europe à l'autre par une invisible traînée de poudre fraternitaire. (*Bravos répétés*).

Ce ne sont pourtant pas les raisons de rancune qui manquent entre les deux nations, séparées par tant de souvenirs tragiques, de colères, de batailles, de querelles et d'invasions, par un amoncellement de ruines, par une mer de sang et de larmes, par Zurich, Austerlitz, Eylau, Friedland, Borodino, la Bérésina, Inkermann, Malakoff... Les Français

5

ont pris Moscou et bombardé Sébastopol; les Russes ont pris Paris; on a vu leurs troupes victorieuses à la barrière Clichy, précisément à l'endroit où nous dînons si joyeusement ce soir. Rien n'y fait, et ce chassé-croisé de conquêtes se résout en un échange de cœurs. (*Enthousiasme indescriptible.*)

Pendant la guerre de Crimée, on a vu ce spectacle inouï, les Français fraternisant plus volontiers avec leurs ennemis les Russes qu'avec les Anglais, leurs alliés de rencontre; les blessés, qui venaient de s'entre-mitrailler, s'embrassant sur le champ de bataille, comme pour se pardonner *in extremis* une lutte impie; les vainqueurs attendant avec impatience une suspension d'armes, non pas pour insulter à la défaite, mais pour, au contraire, aller porter aux vaincus la poignée de main consolatrice, toujours chaudement accueillie, et trinquer avec eux à la réconciliation future.

Cette sympathie spontanée éclate à la moindre occasion, au moindre prétexte, aussi bien entre les individus qu'entre les foules.

Quelqu'un, qui avait assisté au couronnement du tsar, racontait un jour devant moi, avec un accent d'émotion qui me remuait les entrailles, un mot touchant entendu là-bas :

— « Est-ce encore un étranger, celui-là, demandait un *moujick* à son voisin, en lui montrant le défilé des visiteurs cosmopolites.

— « Non ! répondait l'autre, ce n'est pas un étranger; c'est un Français ! (*Bravo ! Bravo ! Vive la Russie !*)

Eh bien ! je vous le dis, parce que je le pense, je ne connais point de traité d'alliance ferme et solennel, point de serment prêté à grand orchestre sur l'autel de la Concorde, qui vaille, en fait d'éloquence suggestive et pénétrante, ces simples paroles d'un paysan grossier. (*Applaudissements*).

Au cours d'une vie tumultueuse et tourmentée, j'ai, en ce qui me concerne, côtoyé personnellement bien des Russes de tous les mondes, dans les conditions les plus diverses. Il n'en est pas un seul qui ne soit devenu mon ami, pas un seul pour lequel, en dépit des séparations et des froissements du *struggle for life*, je ne garde, au fond du cœur, un arrière-fonds de tendresse. Il y a là, voyez-vous, comme une mystérieuse attraction magnétique !

Un de ces amis Russes, un ancien officier des Cosaques de l'Amour, qui, compromis depuis dans de malheureuses mésaventures politiques, promène maintenant à travers le monde ses rêves et ses désespérances de proscrit, un de ces amis Russes aimait à me raconter que la plus grande joie de sa vie, il l'avait ressentie un jour que, descendant en barque je ne sais plus quelle rivière ignorée de la Mandchourie, du côté de la Sibérie orientale, bien loin par devers les confins du Kamschatka. il avait inopinément entendu un pêcheur chinois chanter la *Marseillaise*. Ce pêcheur chinois, c'était tout bonnement un prêtre, un lazariste français, qui charmait les mortels ennuis de sa nostalgie en fredonnant le refrain révolutionnaire. Et ces deux hommes si différents, ces représentants de deux races, communiant tout à coup sous les mêmes espèces et se reconnaissant de la même famille, tombèrent tout en pleurs dans les bras l'un de l'autre, à la grande stupéfaction des Peaux-Jaunes qui formaient la galerie ! (*Interruption forcée : vive émotion.....*)

Eh bien ! je dis que cette alliance ébauchée, d'instinct et par hasard, entre deux voyageurs égarés dans les steppes, il faut qu'elle se refasse, intégrale et définitive, entre les deux peuples ! (*Oui ! oui !*)

Tout nous y convie, à cette alliance, tout, jusqu'à ces divergences mêmes qui séparent si profondément les Russes des Français et font craindre aux pusillanimes je ne sais quelles incompatibilités irréductibles. (*Applaudissements chaleureux.*)

C'est que les contraires s'attirent et se complètent. C'est peut-être parce que nous différons des Russes à tant de points de vue, c'est peut-être parce que, entre la mysticité slave et le génie fait de logique, de scepticisme et de gaieté de la démocratie gauloise. il n'y a rien de comparable, si ce n'est. avec la chevalerie native des deux races, les répulsions communes et les communes haines: c'est peut-être parce que nous n'avons ni la même humeur, ni le même tempérament, ni les mêmes traditions, ni les mêmes mœurs, ni le même idéal, que nous nous entendons mieux avec les Russes qu'avec tous les autres, y compris tels de nos frères latins, qui ont cependant le même sang dans les veines.

Ah ! que les Italiens qui sont ici me pardonnent, je ne les accuse pas, eux, car leur présence seule au milieu de nous atteste leur fidélité aux traditions fraternelles. Un peuple, d'ailleurs, n'est pas plus responsable de ses Bismarck, de ses Bratiano, de ses Crispi, de ses Napoléon, que le pauvre Kronprinz en train d'agoniser là bas à San-Remo, au bord des flots bleus, n'est responsable des microbes du cancer qui l'ont pris à la gorge et font tomber vivant en purulence l'héritier présomptif du plus puissant empire du monde. Que les Italiens me pardonnent! Mais il faut dire la vérité ! (*Vive le peuple italien! A bas Crispi!*)

Nous nous entendons mieux avec les Russes qu'avec tous les autres. parce que les contraires s'attirent et se complètent. Nous avons peut-être les idées plus avancées et plus neuves ; eux, ils ont le sang plus rouge et la sève plus âcre. Ils rajeuniront, en leur inoculant une vigueur fraîche, les vieilles nations occidentales anémiées ; nous, en revanche, nous les guiderons sur la route glorieuse tracée, au siècle dernier, par nos pères, les preneurs de bastilles, dont le rayonnement épique n'a pas cessé de révolutionner le monde.

Un jour viendra où la fédération slave, orientée vers la mer Noire et la mer Caspienne, tendra la main à la fédération gréco-latine groupée autour du lac méditerranéen. Alors l'équilibre européen sera garanti pour de bon, sous cette double égide, contre toute usurpation nouvelle. Alors l'univers pacifié pourra casser les canons, et de leur acier et de leur bronze, désormais inoffensifs, fabriquer des joujoux pour les petits enfants.

Je bois, Messieurs, à ce lumineux avenir : je bois, au nom de l'Union Méditerranéenne, à l'Union Slavo-Latine, à la Russie, à nos amis les Russes !

(*Tout le monde se lève, le verre en main.... et boit A nos amis les Russes.... L'enthousiasme est extrême.... Longue interruption*).

TOAST DU PRINCE CZERNICHEFF DES PRÉMYSLIDES

DUC DE STABICE

A l'Union Slavo-Latine

MESSIEURS,

Je ne suis, à vrai dire, qu'un intrus dans votre réunion d'élite, mais,
en ma qualité de Russe, de vrai Russe, ayant l'honneur d'assister à ce
banquet, je ne puis garder le silence devant une des ovations les plus
flatteuses qui aient jamais été faites à la Russie.

Je me lève donc spontanément, sans en avoir le droit, peut-être, et
je me permets de vous exprimer, tout ému, du plus profond de mon
cœur, aussi bien mes remerciements chaleureux que ma satisfaction
vive, profonde, indicible, des témoignages si éloquents de votre sympathie envers ma patrie.

Me voyant debout, le verre en main, vous supposez sans nul doute
qu'un toast à l'Alliance Franco-Russe est suspendu au bord de mes lèvres.
Et bien, non, Messieurs, ce n'est pas le toast que je vais faire, et cela,
parce que je le trouve inutile, ainsi que je m'empresserai de vous
l'expliquer.

En vérité, l'Allemagne prussienne, avant de s'engager dans une action
commune, des plus aventureuses, avec sa pire ennemie l'Autriche,
l'Autriche-Hongrie, devait nécessairement se faire garantir la fidélité
de son alliée nouvelle par un traité en forme ; et c'est de même qu'est
forcée de procéder envers elles, dans des conditions analogues, l'Italie
à double face.

Mais à quoi bon, je vous le demande, Messieurs ! un traité d'alliance
entre alliés naturels, entre amis à toute épreuve que rien n'a jamais su
diviser, sinon deux motifs qui n'auront plus aucune raison d'être ; je
veux dire : l'ambition égoïste et le dépit personnel de deux usurpa-
teurs ? (*Applaudissements prolongés.*)

Heureusement que, de nos jours, aux yeux des Français, les Russes
sont autre chose que des Kalmouks, des Cosaques, des Moscovites bar-

bares, tels que les considéraient, du haut de leur grandeur éphémère, les deux Napoléon.

On est parvenu, petit à petit, à oublier, de part et d'autre, la campagne de 1812 et celle de Sébastopol, sans lesquelles à cette heure, nos deux nations, à elles seules, eussent déjà partagé le monde entier. (*Bravos chaleureux*).

Nous aimons mieux nous rappeler aujourd'hui le bon vieux temps où nous combattions ensemble dans son germe, l'odieuse hégémonie prussienne, et où un ancêtre à moi, le maréchal Zacharie Czernicheff, entrait triomphalement à Berlin pour chasser Frédéric-le-Grand. (*Enthousiasme frénétique*).

Il est vrai qu'on nous instigue et l'on nous pousse à conclure, coûte que coûte, un traité entre nous, pour l'opposer à la coalition formidable dont on nous menace. Mais on semble ne connaître que par trop superficiellement la France et la Russie, en admettant qu'il puisse y avoir des menaces capables de produire sur l'une de ces deux puissances le moindre des effets ; ces menaces fussent-elles même celle d'une double, triple, quadruple, décuple alliance, soit de deux, trois, quatre, dix millions de baïonnettes !

Au lieu de nous en laisser terrifier, ne devons-nous pas sourire à la pensée que, dans toute alliance politique, qui n'est qu'un pacte loyal d'amitié entre des peuples, c'est la sincérité de l'union qui fait la force, et non le nombre des alliés, ni les moyens prodigieux dont ils disposent?

D'ailleurs, en temps de paix, un traité d'alliance est absolument un vain mot, et l'heure de la guerre n'a pas encore sonné.

Il se peut pourtant qu'elle aille sonner, cette heure fatale!... Ou bien, pour traduire plus exactement mes sentiments pacifiques, il vaudrait mieux se contenter de la remarque : « Et si jamais une conflagration européenne allait éclater ?... »

Eh bien ! pourquoi présumer qu'alors nous aussi, nous Français et Russes, fermement unis pour la défense de nos intérêts communs, nous ne trouverions pas au besoin les alliés voulus ?

Nous les trouverons, Messieurs, sans faute, après notre première victoire qui, certes, ne nous manquera pas, l'histoire étant là pour nous rappeler que nous l'avons toujours eue, la victoire, tant que nous avons été unis. (*Applaudissements enthousiastes*).

Et, à mon avis, conforme à mon vœu personnel, qui devrait du reste répondre on ne peut mieux à celui de l'UNION MÉDITERRANÉENNE, nos alliés, quand il nous en faudra, ne seront autres, — oh ! Messieurs !

n'en soyez pas confondus ! — ne seront autres, dis-je, que les Italiens : les Italiens, malgré tout ; les Italiens. quand même !... (*Vifs applaudissements*).

Il nous a été donné de constater plus d'une fois comme quoi le rapprochement des peuples, fondé sur un échange de signatures, n'est pas moins fragile que, par exemple, le prestige d'un ministère au pouvoir.

On dénonce un traité stipulé sur papier aussi facilement qu'on le signe, et au bruit des canons ; c'est l'union des sentiments nationaux. inspirés surtout par la solidarité des intérêts de premier ordre, qui dicte, défait et refait les alliances !

Oui. Messieurs, si peu engageante que puisse se présenter à vous, au présent. l'Italie officielle, l'Italie de feu Depretis, des Mancini, des Robilant, des Crispi, cette pauvre Italie déconsidérée. corrompue. abrutie par l'incapacité de ses ministres et le chômage de la paix, je suis sûr, en connaissance de cause, que nous trouverions toujours entre le peuple italien et nous, un courant réellement sympathique.

On ne saurait juger d'une nation, pas plus que d'un homme. par les dehors ; et quant aux Italiens tout particulièrement. n'oublions pas qu'il faut les envisager au travers d'une croûte épaisse, presque pétrifiée, dont les étreignent encore, comme d'une écaille, les conséquences du triple joug infâme, du joug maudit des Jésuites, des Bourbons et des Allemands. (*Bravos répétés*).

Mais si Bonaparte a prétendu être dans le vrai, en lançant son mot aujourd'hui si rabâché : «*Grattez le Russe, vous trouverez le Tartare,*» je crois que nous pourrions dire avec plus de raison : Qu'on essaie de nettoyer patiemment, à coups de brosse et d'étrille ; qu'on débarbouille ensuite avec un soin extrême, *à la française*, enfin, cette toilette accomplie, qu'on secoue, comme pour le réveiller, l'Italien actuel, et l'on ne tardera pas à reconnaître en lui. dans le Toscan surtout, le digne rejeton des grands hommes couronnés au Capitole, des héros de la Rome ancienne... (*Tonnerre d'applaudissements.*)

Mettons fin à des chicaneries politiques indignes de nous, dans lesquelles nous paraissons vouloir imiter les Allemands ; fermons généreusement les yeux sur une ingratitude propre à des esclaves libérés depuis peu, et souhaitons que, par un revirement, ma foi, des plus heureux, les Italiens s'unissent à nous, Français et Russes. (*Bravos répétés.*)

Je suis à tel point le partisan convaincu d'une triple alliance constituée de la sorte que mon enthousiasme pour cette combinaison politique pourrait être taxée d'engouement, sinon de marotte... J'en délire, c'est le mot, et je vais jusqu'à caractériser allégoriquement nos trois grands peuples eux-mêmes par les trois organes dont se sert la manifestation d'un souhait, le souhait qui fait vivre de l'espérance.

Les Russes, c'est le peuple du soupir, ce cri d'un cœur ardent, étouffé par la froide raison ; les Italiens, le peuple du chant, ce doux élan vers l'idéal, échappé à la triste réalité ; les Français, le peuple de la parole, de la parole éloquente, victorieuse, cette expression de la puissance et de l'énergie humaines sur lesquelles se base le progrès dans le beau, le vrai, le bien. (*Acclamations indescriptibles.*)

Or, tout en assimilant ces trois peuples aux organes d'un grand souhait qui est loin d'être chimérique, c'est sur leur harmonie parfaite que reposent, en toute sincérité, mes meilleurs vœux pour notre avenir commun.

Je me résume en venant vous prier, Messieurs, de vous associer à moi pour boire à la réalisation aussi prochaine que possible d'une alliance des Français et des Russes (indissolublement liés par des sympathies nationales qui datent de bien au delà d'un siècle, par la haine irréconciliable de l'Allemand et par l'horreur des manigances anglaises), avec les Italiens, qui ont le même sang que les Français et, s'ils y songent sérieusement, les mêmes ennemis que les Russes. (*Bravos.*)

Mais ce n'est pas encore là le toast que j'avais l'intention de porter...

L'Union Méditerranéenne, malgré son importance inouïe, étant après tout une société privée, ces merveilleuses conceptions politiques, appelées bien certainement à se réaliser un jour, ne sont pour le moment qu'à l'état de desiderata, de projets, ...de prophéties, il faut bien l'espérer ! Je crois donc pouvoir, dans cette réunion illustre, donner aussi un libre cours à toute l'étendue de mes vœux.

Eh bien, Messieurs, je ne bois pas seulement à l'*Alliance Italiano-Franco-Russe* si ardemment souhaitée par moi, mais *à la grande union des peuples* que cette triple alliance ne manquerait pas de provoquer contre les abus des trois races qui sont les seules ennemies de l'Union Méditerranéenne.

Je bois à la grande Union Slavo-Latine, assistée de nos amis des Hellènes, les Arméniens, les Arabes, les Danois et surtout les citoyens, libres comme les Français, des Etats-Unis de l'Amérique du Nord. (*Toute l'Assemblée acclame l'orateur et chaque convive veut lui serrer la main...*)

DISCOURS DE M. LÉON CHOTTEAU

RÉDACTEUR DU *Voltaire*

MESSIEURS,

Je vous revois avec beaucoup de plaisir, et je désire vous rappeler pourquoi nous sommes ici, formant la vaillante cohorte de notre ami Gromier. Ce n'est pas dans le but exclusif de nous serrer la main : une pensée plus haute nous domine; nous voulons unir, sur le terrain économique, les peuples qui travaillent et produisent dans tout le bassin de la Méditerranée. *(Très bien! C'est cela même!)*

Vous connaissez les éléments qui vont concourir au résultat.

Il y a d'abord la France. La France! un vieux pays, où les hommes d'initiative gémissent sous le poids de la routine, du préjugé et du convenu. L'éclaircie, malgré tout, se manifeste de loin en loin ; mais la marche en avant serait plus rapide et plus sûre si les gens qui détiennent le pouvoir avaient su autrefois acquérir à l'étranger l'intelligence pratique qui leur fait défaut. Cette lacune porte nos ministres à ne rien tenter par eux-mêmes, et à empêcher les autres d'agir.

Les membres du Cabinet, qui n'ont jamais voyagé, devraient se hâter d'aller secouer leur passé au-delà des frontières. J'ai connu une Excellence qui, un jour, se rendit à Liverpool. Je lui dis au retour:

— Vous avez vu là-bas les modèles de construction navale que j'y ai admirés, les Inman, les Guion, les White Star, les Cunard?

L'Excellence, étonnée, me répondit :

— « J'ignore s'il y a des navires dans le port que j'ai l'air d'avoir visité. Je suis resté quatre heures à Liverpool, où je n'ai fait que déjeuner; on m'a, d'ailleurs, très bien reçu.

« Une table, somptueusement servie, m'attendait. Je ne m'en suis arraché que pour reprendre le train de Londres. » *(Grande hilarité)*.

Des voyages ainsi entrepris n'auraient pour effet que d'imposer au Trésor des frais inutiles. Nous demandons des voyages sérieux, où l'on consacre tout le temps nécessaire à se former une opinion et à comparer.

Ici se présente une difficulté. Nos ministres sont tellement rivés au sol français qu'ils ne peuvent jamais se résoudre à le quitter. C'est que le soin de leur réélection, comme députés, les préoccupe avant tout. Pour eux, l'intérêt électoral prime l'intérêt national. (*Ah ! comme c'est vrai !*)

Spectacle révoltant ! Pour y mettre un terme, nous devons exiger que les ministres soient pris désormais en dehors du Parlement. Le bon sens réclame cette innovation, qui tuera le maquignonnage politique. Alors, on songera à la France, qu'on oublie si bien aujourd'hui, et, dans les sphères officielles, on saisira peut-être enfin la haute portée de l'Union Douanière Méditerranéenne. (*Peut-être !.....*)

Après la France vient l'Espagne, où nous trouvons une monarchie. Nous ne cherchons pas à nous immiscer dans le gouvernement intérieur des Espagnols. Toutefois, nous formons des vœux pour le triomphe des idées libérales au-delà des Pyrénées, et le succès définitif de notre ami Castelar. (*Bravos répétés. Cris nombreux de : Vive Castelar !*)

L'Espagne offre un mouvement industriel qui s'accuse sur la périphérie d'un cercle dont le centre est consacré à l'agriculture. Son intérêt à entrer dans l'Union douanière est aussi réel que le nôtre.

Au Maroc, nous avons, dans le Caïd Abdul Kérim de Villeroche, un représentant actif et intelligent de nos idées.

Il nous a gagné l'appui important et précieux du chérif de Wazzan, personnage dont l'influence est très grande sur la terre marocaine. Nous espérons que M. de Villeroche ne s'arrêtera pas en si beau chemin.

En Egypte, la France, par ses exportations, occupait jadis la première place. Elle vient, aujourd'hui, après l'Angleterre et l'Autriche.

Elle y sera de nouveau prépondérante lorsque nous saluerons l'avènement de l'Egypte de notre ami, le cheikh Sanua Abou Naddara, c'est-à-dire de l'Egypte sans les Anglais et sans le tribut à payer au sultan de Constantinople. Un peuple tributaire, dans notre civilisation, est un non sens.

L'Egypte aux Egyptiens, tel est le cri parti des bords du Nil. Ce cri aura de l'écho parmi nous.

La situation de l'Italie, vis-à-vis de la France, ne semble pas autoriser les longs espoirs. Pourtant, nous ne devons pas désespérer. Je voyais hier soir notre ami, M. Lucien Salomon, président de la Chambre de

Commerce française de Milan. M. Salomon, depuis longtemps, se dévoue pour amener un accord entre les deux pays. Il y parviendra lorsque certains malentendus seront expliqués. Alors, l'Italie acceptera, dans toute son étendue, la solidarité qui la lie aux nations méditerranéennes.

La Grèce s'est affranchie, en 1830, du joug de la Turquie. Là se pose la question du canal de Corinthe. Suez a supprimé le cap de Bonne-Espérance. Panama supprimera le cap Horn. L'isthme de Corinthe percé, c'est le cap Matapan disparu. On évite ainsi la navigation autour du Péloponnèse, si difficile et si fertile en naufrages.

La Grèce, avec le canal de Corinthe, sera capable d'apporter un concours plus actif et plus profitable à l'Union douanière.

La Turquie nous rappelle le souvenir de l'Arménie, et de notre ami Iskender, président de l'Association arménienne, présent à ce banquet.

L'Arménie, c'est l'Irlande anglaise et c'est la Pologne russe. Elle réclame le gouvernement autonome consenti par le traité de Berlin de 1878. M. Iskender est, en France, l'écho de plaintes légitimes. Toutes nos sympathies lui sont acquises. (*Oui ! Oui ! Vive l'Arménie !*)

Entre la Turquie et nous, pas de fusion possible. L'Orient et l'Occident semblent avoir juré de s'ignorer toujours. On dirait que les deux civilisations ne se rencontrent que pour se côtoyer, sans jamais se pénétrer.

Ce jugement doit être celui de M. Eugène Chesnel, mon confrère du *Voltaire*, qui a habité Constantinople, et que j'aperçois à cette table. C'est, d'ailleurs, la conclusion d'un livre fort intéressant, *Le mal d'Orient*, que M. Chesnel doit connaître.

Si le Turc n'est pas assimilable, qu'importe? Il nous achète, et tout achat a pour conséquence une vente. La loi des échanges interviendra ici comme partout ailleurs, et cette loi porte que des intérêts solidaires doivent être réglés d'un commun accord.

Unir la France, l'Espagne, le Maroc, l'Egypte, l'Italie, la Grèce et la Turquie par un système de douanes en harmonie avec leur production et leurs besoins, tel est notre but.

Pour nous permettre d'appliquer ce programme, il faut que le gouvernement français réalise la réforme consulaire depuis longtemps imposée par l'opinion publique. (*Applaudissements chaleureux.*)

Cette réforme donnera à nos efforts une base solide.

L'élan parti de Paris continuerait à se briser contre l'hostilité ou l'ignorance des diplomates et des consuls, si nos agents officiels d'aujourd'hui n'étaient pas remplacés à bref délai par des hommes intelligents et dévoués.

La représentation actuelle de la France est le premier obstacle dressé devant nous. Renversons cet obstacle.

Dans ce mouvement, les nationalités ne disparaitront pas. Elles s'affermiront au contraire. Français, nous comprendrons un peu mieux notre pays, et nous l'aimerons davantage.

A la condition, cependant, que nous soyons assez forts sur nous-mêmes pour résister, aussi bien aux entrainements d'une affection sans bornes que d'une haine exagérée. Ecartons la sentimentalité, et abordons sans arrière-pensée les faits économiques. Soyons pratiques.

Voilà, Messieurs, l'œuvre où je vous convie. Elle sera longue, difficile. Elle ne manquera pas d'enflammer votre courage patriotique. (*Bravos répétés. L'orateur reçoit les félicitations de tout son entourage.*)

DISCOURS DE M. I. I. ISKENDER

Président de l'*Association Patriotique Arménienne.*

Messieurs,

C'est toujours avec une profonde émotion et une grande appréhension que j'ose prendre la parole dans de pareilles réunions d'élite, car je n'ai aucun talent oratoire, et je crains fort de ne pas pouvoir assez bien m'exprimer dans cette belle langue française, que j'ai apprise malheureusement hors de France. Cependant, en même temps que cette appréhension et cette juste émotion, je ressens aussi une grande joie et une sincère satisfaction, quand vous m'accordez la parole, car je considère cet honneur uniquement comme un témoignage d'intérêt et de sympathie à l'adresse de la cause arménienne, dont j'ai eu exclusivement l'avantage de vous entretenir jusqu'ici. En effet, à quoi pourrais-je attribuer cette condescendance à vouloir entendre un médiocre diseur tel que moi, et cette indulgente attention que vous m'accordez chaque fois, sinon au désir que vous avez de prouver, qu'ainsi que toutes les causes justes, la cause des Arméniens vous est chère et sympathique, et que, comme tout peuple malheureux, les Arméniens ont droit à votre bienveillant et généreux appui. Cela nous fait présager, en outre, que, grâce à vous, Messieurs, et grâce à vos amis aussi nombreux qu'illustres, il viendra bientôt ce jour où la France, cette nation si noble et si chevaleresque, qui a toujours été le soutien et l'appui des peuples opprimés, qui n'a jamais épargné son influence, son argent et ni même son sang pour le triomphe de la justice et du droit. la France voudra enfin jeter un regard de commisération sur le peuple arménien, et mettra sa haute et puissante influence à l'appui des justes revendications arméniennes. (*Oui! Oui! Vive l'Arménie!.....*)

Messieurs,

Pendant bien longtemps je m'étais bien souvent posé cette question : Comment se faisait-il, me demandais-je, que les grandes nations de l'Europe, et principalement la France, qui avaient témoigné tant de sympathie, accordé tant d'appui à tous les peuples chrétiens, gémissant sous le joug oppresseur du Turc, aient paru, jusqu'à présent, sinon faire une exception pour les Arméniens, du moins les oublier ou les écarter de leurs soucis ! Comment se faisait-il, me disais-je, que ces grandes nations, qui ont toujours encouragé, aidé, secondé dans leurs aspirations et revendications nationales, les Grecs, les Roumains, les Serbes, les Monténégrins, les Bosniaques et les Bulgares, et d'autres petits peuples, aient paru abandonner jusqu'ici ce malheureux peuple arménien à son malheureux sort !

Pourtant, ce n'est pas, à mon avis, par des qualités supérieures et des mérites exceptionnels que ces peuples ont pu attirer sur eux l'attention et l'intérêt de l'Europe; car, en exceptant bien les Grecs qui ont un passé vraiment glorieux et qui ont brillé jadis d'un éclat sans pareil dans la littérature, les sciences et les beaux-arts, et qui ont été, pour ainsi dire, les précurseurs de la civilisation moderne, tous les autres petits peuples de l'Orient que je viens de citer plus haut n'ont ni une histoire glorieuse ni un brillant passé, ou une littérature remarquable, ni même une langue nationale bien distincte, et n'ont rien fait non plus de notoire pour captiver l'admiration de l'Europe. Tandis que les Arméniens, nation de cinq millions d'âmes, dont le territoire, par l'étendue, est égal, sinon supérieur, à celui de la France, — qui a un passé brillant, qui pendant trente-cinq siècles a joué un rôle marqué dans l'histoire des peuples, qui a une littérature appréciée, qui possède une belle et riche langue à elle propre, et presque aussi ancienne que que le monde historique, — nation qui, par sa position géographique pourrait être appelée à jouer un rôle vraiment important en Asie, en servant de rempart entre les peuples rivaux, ses circonvoisins; cette nation, dis-je enfin, si méritante par son amour pour le travail et le progrès, et par ses diverses autres aptitudes commerciales et administratives et qui, même dans les temps modernes et dans des circonstances très défavorables, a donné tant d'hommes devenus illustres dans les différents pays qu'ils ont servi loyalement, cette nation n'a pu encore attirer sur elle l'attention de cette même Europe qui a prodigué tant de sympathies et fait tant de sacrifices pour l'émancipation des autres peuples chrétiens de l'Orient ! Certes, la question était difficile à résoudre, et l'énigme bien malaisée à expliquer.

Quelques-uns ont pensé que c'était la position géographique même de l'Arménie, en dehors de l'Europe, et son isolement, qui l'ont laissée à l'écart de l'attention et de la sollicitude des puissances. Il est vrai que Grecs, Roumains, Serbes, Monténégrins et Bulgares ont le bonheur de faire partie de l'Europe. Mais, est-ce qu'il y a réellement encore une Europe restreinte, limitée et renfermée en elle-même ? Non, certes. Nous voyons au contraire que toutes les nations de l'Europe cherchent à étendre leur influence, répandre leur protection et se partager, disons le mot, la clientèle des peuples des quatre parties du monde. L'Arménie, bien qu'en Asie, ne mérite-t-elle pas, à ce point de vue du moins, votre attention ? N'est-elle pas à la porte même de l'Europe, ne touche-t-elle pas la Syrie, où vous avez, vous autres Français, tant d'intérêts et une influence séculaire ? Il est incontestable que l'Arménie, dans l'avenir, est fatalement appelée à jouer aussi un grand rôle en Asie, car, n'oubliez pas, Messieurs, qu'elle en est la clef, et qu'elle est en même temps la route la plus courte des Indes.

D'autres ont dit que les petits peuples que j'ai cités tout à l'heure avaient été plutôt eux-mêmes leurs propres sauveurs, en prenant les armes et en versant leur sang pour reconquérir leur liberté et leur indépendance.

Cette explication, au premier abord, pourrait sembler plus juste; cependant, en approfondissant les choses, on voit qu'elle pèche aussi par la base, car, à bien considérer les faits, on s'aperçoit vite que ces peuples, avant de prendre les armes, avant de lever l'étendard de la révolte, ont été préalablement encouragés par les grandes puissances, ou par celles qui s'intéressaient plus particulièrement à leur émancipation; qu'on leur avait assuré d'avance toute sorte d'appui, qu'on leur avait procuré des armes, donné des officiers pour les diriger, les instruire et les conduire au combat; qu'on leur avait prodigué des conseils, fourni de l'argent (qui n'est pas seulement le nerf de la guerre, mais aussi le nerf de la révolte): en un mot, on leur avait offert tous les moyens de réussite, et c'est ainsi, encouragés, entraînés, poussés par tant d'éléments propices, que ces peuples descendaient dans l'arène et luttaient, étant presque sûrs d'avance du succès de leurs entreprises.

Les Arméniens, par contre, qui les a encouragés jusqu'à présent, qui les a aidés de son appui, de son prestige? Personne, malheureusement! Ils n'ont trouvé jusqu'ici ni aide, ni soutien ; ils n'ont eu ni des armes, ni de l'argent, et personne ne leur a prêté son concours! Les Arméniens ont cependant, même dans des circonstances aussi défavorables, versé leur sang, en essayant de secouer le joug de l'oppresseur et se sont révoltés plusieurs fois contre la tyrannie qui les accablait.

Des flots de sang ont souvent coulé sur les flancs du Taurus et ailleurs. Les Arméniens, Messieurs, ont aussi leurs héros et leurs martyrs des temps modernes (*Vifs applaudissements*).

Ce n'est donc pas parce que l'Arménie est située hors de l'Europe ou parce que les Arméniens n'ont jamais pris les armes, qu'on ne s'est pas occupé d'eux jusqu'à présent. A mon humble avis, il faut chercher ailleurs la cause de l'oubli où ils sont tombés et dont ils se plaignent amèrement.

Les Grecs, comme j'ai eu déjà l'honneur de vous le dire, étant parfaitement connus en Europe par leurs épopées, leur brillante littérature et leurs inimitables chefs-d'œuvres, avaient, dès le commencement de ce siècle, réveillé l'enthousiasme, acquis la sympathie des peuples civilisés et attiré sur eux l'attention de l'Europe entière. Profitant justement de cette situation, ils avaient partout en Europe élevé haut la voix, parlé et écrit sur les souffrances qu'ils enduraient des Turcs. C'est alors que poètes, littérateurs, publicistes et politiciens, secoués par une grande pitié, soulevés par un grand enthousiasme pour ce vaillant peuple, si glorieux dans le passé, et pourtant si malheureux à ce moment-là, devinrent les apôtres de leur émancipation, clamèrent haut contre l'injustice et la barbarie turque, entraînèrent avec eux toute l'opinion publique, qui, comme à une nouvelle croisade, fit accourir à leur secours le monde entier ; et voilà comment les Grecs furent sauvés.

Plus tard, les autres peuples chrétiens, leurs voisins, profitant de l'exemple donné et suivant leur trace, s'ingénièrent eux aussi à se faire connaître, à faire beaucoup parler d'eux, en dévoilant à l'Europe leur malheureuse et précaire situation. On fit beaucoup de bruit autour de leurs nationalités ; la presse européenne s'empara de leur cause ; on écrivit des volumes sur les malheurs qui les accablaient, on parla de la cruauté et du fanatisme turc, on décrivit leurs longues souffrances et leur épouvantable misère ; on parvint ainsi à apitoyer sur leur sort peuples et gouvernements, qui commencèrent d'abord par les plaindre et finirent ensuite par les aider et les soutenir. La politique s'en mêla naturellement et les gouvernements, voulant profiter des circonstances, secondèrent le mouvement, pour tâcher d'acquérir la sympathie de ces peuples afin de les lier par la reconnaissance, en essayant de les soumettre sous leur influence.

Ce fut donc, selon moi, par le grand bruit qu'ils firent autour de leur nationalité, c'est par le moyen de la presse européenne qui est une si grande force, et qui les aida pleinement dans cette tâche, c'est par la lumière qu'on fit autour de leurs souffrances, c'est par les émouvantes descriptions de leurs malheurs, c'est enfin par les larmes et les cris, que ces peuples parvinrent à émouvoir l'Europe, et à l'intéresser à leur triste sort ; et c'est ainsi qu'ils atteignirent le but désiré, c'est-à-dire la liberté et l'émancipation (*Bravos répétés*).

Un proverbe naïf de chez nous dit : « C'est à l'enfant qui crie et qui pleure qu'on donne à téter ».

Les Arméniens, sans jamais faire cas de ce proverbe, pourtant si vrai, sont restés jusqu'ici à l'écart de tout mouvement, de tout bruit et de toute propagande. Ils supportaient presque stoïquement tous les malheurs et les cruautés dont on les accablait ; ils s'en plaignaient parfois au gouvernement turc seulement, qui redoublait par contre de rigueurs envers eux ; aussi ils se taisaient et courbaient presque toujours la tête. C'est pourquoi aussi l'Europe, ignorant longtemps, et leur situation malheureuse et leurs atroces souffrances, ne s'était jamais occupé d'eux.

Mais vint un moment où la coupe d'amertume fut débordée. Quand les Arméniens virent qu'ils n'avaient à attendre aucune amélioration de leur sort par le gouvernement turc, et comprirent clairement que plus ils se taisaient et plus ils courbaient la tête, plus l'oppresseur en profitait pour les persécuter et les écraser, quand ils virent la situation désormais insoutenable, ils commencèrent eux aussi à crier et à appeler, à leur tour, l'Europe à leur secours.

C'est donc pour porter leurs doléances et leurs cris d'angoisse jusqu'aux grandes nations de l'Europe, c'est pour attirer l'attention des puissances sur les inqualifiables procédés du gouvernement turc, que des groupes patriotiques arméniens se sont formés aujourd'hui dans les diverses contrées européennes.

C'est dans ce but aussi que l'*Association Patriotique Arménienne* de Paris s'est formée et a assumé la tâche délicate d'éclairer le public français sur le sort et la situation de son malheureux pays. Elle essaye donc d'y arriver en se servant de sa modeste et faible plume et de sa non moins faible parole. (*Bravos prolongés*.)

Certes, elle en abuse parfois, depuis quelque temps, de sa parole, et vous, Messieurs, à cause de votre bienveillance, vous en subissez la conséquence plus que tout autre, mais pardonnez-leur, car leur Patrie est bien malheureuse !. (*Continuez ! Continuez ! Vive l'Arménie !...*).

Non seulement pardonnez-leur, mais aidez-les, secondez-les, dans leur sainte mission. Ils se sentent tout à fait insuffisants pour cette noble tâche, et ils savent bien qu'ils ont besoin de vos conseils, de vos encouragements, de votre puissante parole et de l'autorité de votre plume pour arriver à leur but. Ils essayent, dans leurs faibles moyens, de vous exposer leur triste situation, leurs souffrances, et leurs misères, pour que vous tous, Messieurs, qui avez, en même temps qu'un cœur généreux et une âme vaillante, la parole écoutée et la plume autorisée, vous instruisiez à votre tour, vous éclairiez sur leur sort l'opinion publique française. Car l'opinion publique fait beaucoup, sinon tout, en Europe, surtout dans un pays de suffrage universel tel que la France, où l'on pourrait, en changeant l'adage, dire : « *Vox populi vox governamenti* ».

MESSIEURS,

La question d'Orient, depuis bientôt plus d'un demi-siècle, est la plaie de l'Europe, et cette plaie ne sera jamais fermée et cicatrisée, tant que le sort de tous les peuples chrétiens, soumis à la domination turque, ne sera pas définitivement réglé. C'est une vérité que personne ne pourra contester.

On nous dit cependant qu'il y a aujourd'hui en France un certain courant d'opinion favorable au gouvernement turc, jusqu'à croire au besoin de soutenir plutôt la Turquie que d'appuyer les peuples chrétiens sur lesquels s'appesantit sa domination.

Je ne veux pas vous faire l'injure, Messieurs, de supposer que vous partagez ces sentiments. En effet, comment serait-il possible de garder encore de la sympathie pour un peuple qui, vivant en contact avec l'Europe civilisée, est resté toujours aussi barbare et sauvage qu'à son début ; d'avoir encore des égards envers un peuple qui n'a profité d'aucune leçon du passé ni des enseignements du présent, et qui, au milieu du mouvement de progrès et de civilisation universelle, est resté rétrograde et fermé toujours à toute idée de progrès et de justice, et aussi ignorant et arriéré qu'il l'était à son origine dans les steppes du Turkestan ; qui n'a rien autre à son actif qu'une grande dose d'astuce, d'hypocrisie et de duplicité ; un peuple, comme le disait si éloquemment notre éminent ami, M. Élie Fourès, dans un brillant article, tout plein de bon sens et de logique, qu'il a fait paraître récemment sur l'Arménie, dans le « *Petit Toulousain* », un peuple qui, dans l'espace de cinq siècles, n'a pas su donner au monde, non pas un homme de génie, ce serait trop lui demander, mais seulement un homme d'une certaine

valeur, un philosophe, un penseur, un poëte, un savant, un littéra-
teur, un artiste ou un artisan quelconque! Il n'a absolument rien donné,
rien produit : il n'a fait que détruire et dévaster. Un peuple qui est
venu s'établir dans les plus beaux et les plus prospères pays du monde,
dont il s'est emparé par le feu et le sang, et n'a fait qu'y semer de tout
temps la ruine, la misère et la désolation ; un peuple enfin apathique,
parasite et indolent, réfractaire à tout travail physique et intellectuel,
qui s'est laissé jusqu'ici nourrir de la sueur et du travail des peuples
qu'il a opprimés et n'a fait que se vautrer sans cesse dans une perpé-
tuelle orgie de débauche et d'abjection. La preuve en est là, Messieurs,
car n'avons-nous pas vu qu'aussitôt que quelques-uns des peuples con-
quis, en s'émancipant tour à tour, se séparèrent de lui et lui coupèrent
en même temps le tribut de leur travail, ce peuple luxueux et dissi-
pateur, qui éblouissait jadis le monde de ses fastes, est tombé bientôt
dans la misère et la plus noire détresse. Il ne faudrait, pour achever ce
peuple d'oisifs et de jouisseurs, que le manque du concours des Arméniens et de quelques autres peuples travailleurs, qui restent encore
sous sa domination et qui le nourrissent toujours de leur travail. C'est
alors que ce fameux nœud gordien serait définitivement tranché, et la
question d'Orient, cette épée de Damoclès qui est suspendue sur la tête
de l'Europe, disparaîtrait à jamais ; car on verrait alors que ce colosse
d'argile, qui jadis ébranla le monde et fit trembler l'Europe entière,
tomberait de lui-même en poussière, et serait dispersé au vent ! ...

Dédaigneux, ai-je dit, des leçons du passé et de celles toutes récentes,
e gouvernement turc, non seulement n'entend pas exécuter les clauses
des traités qu'il a signés, non seulement n'a aucune envie d'accomplir
les réformes qu'il a maintes fois solennellement promises, d'introduire
en Arménie les améliorations qui lui ont été imposées par les puissances
de l'Europe, non seulement il fait la sourde oreille aux remontrances
qui lui sont faites, il élude, par des réponses évasives, les questions qui
lui sont posées, il dédaigne d'écouter les conseils qui lui sont suggérés
par des gouvernements amis, mais, par comble de malveillance, il lui a
pris des velléités de revenir même sur les privilèges accordés jadis et
les prérogatives concédées depuis longtemps à la Nation Arménienne.

Vous avez probablement tous lu, il y a quelque temps, dans les
journaux, la démission du patriarche arménien de Constantinople, chef
spirituel et en même temps civil de tous les Arméniens de la Turquie,
et vous avez peut-être remarqué les principales raisons qui ont déter-
miné ce haut prélat à donner sa démission. L'énumération de ses griefs

vous donne l'idée approximative des nouveaux empiétements que la Sublime-Porte essaye de porter sur le terrain des droits et des immunités de la nation arménienne.

Pour en rappeler ici quelques exemples, je vous dirai que, de tout temps, dans les questions de succession, c'est le patriarcat arménien qui est seul juge et arbitre parmi ses nationaux, et ses décisions, sanctionnées jusqu'ici par le gouvernement turc, ont force de loi. Or, la Sublime-Porte veut maintenant se mêler elle-même de ces questions, en dépit des droits de la nation arménienne, et dans un sens et avec une tendance tout à faits opposés et contraire aux lois et usages qui la régissent depuis des siècles. La loi de succession chez les Arméniens, ainsi du reste que dans tous les pays civilisés, ne reconnait pas de droits aux enfants illégitimes. Dans une affaire litigieuse récente, le gouvernement turc a essayé d'entraver la décision du patriarcat, en exigeant que des enfants naturels puissent hériter au même titre et avec les mêmes droits que les enfants légitimes, se basant sur ce que, pour les turcs, toutes les femmes sont légitimes; il ne veut pas admettre qu'il y ait des enfants illégitimes, et par conséquent, il veut imposer aux Arméniens ce principe aussi odieux que grotesque.

Le patriarche démissionnaire se plaignait en outre d'un autre procédé arbitraire du gouvernement turc, qui, après avoir, sous de futiles prétextes, fait venir à Constantinople la plupart des prélats arméniens aimés et vénérés de leurs ouailles, les empêche maintenant de retourner dans leur diocèse, en refusant de leur délivrer le permis de voyage dont ils ont besoin ; de sorte qu'une grande partie de nos provinces reste ainsi sans chef spirituel. Il paraît que ces prélats, qui sont les plus éclairés et les plus estimés de la nation, portent ombrage à la Sublime-Porte.

Pour vous prouver jusqu'où va l'intolérance et l'arbitraire du gouvernement turc, je vous dirai que depuis quelque temps l'enseignement de l'histoire ancienne arménienne vient d'être prohibée dans nos écoles. A l'Ecole Centrale Arménienne de Constantinople, les leçons de notre histoire nationale sont données d'une manière presque clandestine ; les professeurs se gardent de se servir de textes, et les élèves n'osent pas prendre des notes.

Il y a encore mille faits du genre de ceux que je viens d'énumérer, qui prouvent abondamment que, non seulement le gouvernement turc n'entend introduire aucune réforme en Arménie, ni concéder aucun privilège nouveau à la nation Arménienne, mais qu'il cherche, au contraire, à lui enlever peu à peu tout ce qu'il avait concédé *ab-antiquo*.

On parle souvent de l'honnêteté et de la bonne foi turques. Voici un fait, un trait caractéristique, qui pourra vous prouver passablement le mensonge de cette légende. Je serai encore forcé d'entrer ici dans des détails, mais ils sont nécessaires pour vous démontrer clairement que la justice et la probité ne sont que de vains mots pour le gouvernement turc (*Bravo! Bravo! Continuez!*).

Le patriarcat arménien de Jérusalem, qui entretient, à ses frais, un couvent, plusieurs écoles et nombre d'autres institutions d'utilité publique, avait dû contracter, il y a quelques années, environ un million de francs de dette. Cette somme allait naturellement en grossissant, à cause des intérêts qui s'accumulaient de jour en jour. Le Conseil National Arménien résolut donc de faire un appel général à tous ses compatriotes, afin d'arriver, par une souscription nationale, à couvrir cette forte dette. Mais le gouvernement turc s'opposa à ce projet, et il suggéra à la place, une autre combinaison, soit-disant plus pratique. Il proposa en effet de prélever, pendant trois années, en même temps que la taxe annuelle d'exemption de service militaire, taxe que les Arméniens payent de tout temps, une petite somme, suffisant pour éteindre la dette du Patriarcat de Jérusalem dans le délai précité. Il fut calculé que la modique somme de 70 centimes par personne taxée donnerait environ quatre cent mille francs par an, somme qui serait amplement suffisante pour éteindre la dette capital et intérêts, dans les trois années convenues. Le Patriarcat, malgré le pressentiment de ce qui l'attendait, mais pressé par la nécessité, a dû consentir à cet arrangement. Le gouvernement turc se hâta de faire les encaissements, mais il se garda bien de les verser à la caisse nationale, pour la destination pour laquelle il avait fait ces prélèvements. Voilà plus de trois ans que les Arméniens payent cette sorte de surtaxe, et la dette de Jérusalem reste toujours impayée. Le Patriarcat réclame vainement cet argent, mais le gouvernement turc ne s'en inquiète guère. Après force démarches et avec beaucoup de difficultés, le Trésor a consenti à verser à la caisse nationale la somme dérisoire de francs soixante mille environ, sur les douze cent mille qu'il a encaissés jusqu'ici. Ainsi, non seulement cette somme est passée dans les caisses de l'État, ce grand tonneau des Danaïdes, mais qui sait combien de temps encore cette surtaxe injuste pèsera sur la nation arménienne (*Interruption: l'orateur est félicité de toutes parts*).

Je ne vous parle pas encore de mille autres sortes d'extorsions que le gouvernement turc commet au préjudice des Arméniens et des autres peuples chrétiens, comme, par exemple, la perception d'une taxe, au profit de l'éducation des enfants pauvres, taxe dont le revenu, au lieu d'être réparti entre les diverses nationalités payantes, comme il avait été déclaré et convenu, ne sert aujourd'hui qu'à entretenir quelques médiocres écoles musulmanes, où l'on n'apprend et l'on n'enseigne que la haine du chrétien, la haine de l'Arménien.

Je ne vous parlerai pas ici non plus des mille et mille tracasseries, vexations et molestations inqualifiables, de la part du gouvernement turc, telles que de la fermeture de nos écoles, de la suppression de nos journaux, de la prohibition ou la confiscation de la plupart de nos livres, des arrestations arbitraires, d'emprisonnements injustifiés de personnes innocentes et inoffensives parmi lesquelles des évêques, des prêtres et des notables.

Je ne vous parlerai pas des vols, rapines, viols et meurtres commis par les Kurdes, les Tartares et les Tcherkesses, hordes sauvages et barbares qui infestent notre sol, qui dévastent impunément, depuis des années, nos provinces arméniennes, et qui sont un fléau terrible et une des causes principales et des plus lamentables de la ruine du pays.

Je ne vous parlerai pas de ces gouverneurs de province, de ces Pachas et Valis turcs et de cette nuée de fonctionnaires ottomans de tous rangs, qui sont aussi des fléaux tout aussi terribles pour le pays, car ils sont tous presque sans exception des gens incapables, ignorants et intrigants, cupides, prévaricateurs et concussionnaires.

Je ne vous parlerai pas non plus de nos villes et de nos villages brûlés, incendiés et livrés aux flammes par la malveillance turque.

Je ne vous parlerai pas enfin de cette guerre d'extermination entreprise par la haine et le fanatisme musulman, contre les pacifiques et laborieux Arméniens, guerre aussi lâche qu'acharnée, allumée dans le but inique d'anéantir peu à peu cette malheureuse nation, par la dévastation, la destruction et la persécution, par la faim, la ruine et la mort.

Eh bien ! se peut-il que l'Europe reste encore indifférente et passive devant tant d'iniquités et d'atrocités ? Se peut-il que cette noble France, une si généreuse et si fière nation, laisse depuis longtemps tant de crimes odieux se commettre sous ses yeux ? Non, certes, non ! Elle les laisse perpétrer, parce qu'elle les ignore encore en grande partie.

Aussi, il est urgent que tous ces forfaits ne restent plus longtemps cachés et ignorés de personne. (*Continuez! Continuez! Nous répéte-rons ce que vous nous dites!*)

Or vous, Messieurs, qui connaissez maintenant, plus ou moins, pres-que toutes nos misères, toutes nos souffrances et toutes nos douleurs, nous vous en supplions et nous vous en conjurons, veuillez parler, écrire, proclamer haut la vérité, pour que le public soit enfin éclairé, pour que tous, sans distinction, grands et petits, le gouvernement comme la nation, sachent enfin ce qui se passe encore aujourd'hui dans un pays qui confine à l'Europe. (*Nous le dirons! Continuez! Con-tinuez!*)

Si vous doutez de nos paroles, contrôlez tous les faits que nous avan-çons, et vous trouverez alors que nous restons encore au-dessous de la vérité dans nos descriptions incomplètes.

Il faut que bientôt une voix écoutée, une voix autorisée, s'élève en notre faveur, car de là dépendra peut-être le salut de notre pays. Nous n'oublions pas que jadis un discours de M. Gladstone fit plus de bien à la cause bulgare que n'auraient pu le faire tous les efforts des patriotes bulgares.

La Turquie, voyant le silence des puissances, pourrait croire qu'elles condescendent à cet état de choses, car, qui ne dit mot consent, dit le proverbe.

Et il est à remarquer, Messieurs, qu'aujourd'hui la France seule pourrait prendre l'initiative d'une démarche en faveur de l'Arménie; car si la Russie parlait, on dirait qu'elle agit dans son intérêt et qu'elle a des visées sur Erzeroum et Trébizonde et d'autres provinces armé-niennes; si, au contraire, c'était l'Angleterre qui s'en mêlait, on pen-serait que c'est pour contrecarrer les plans russes ou pour s'assurer la route la plus courte des Indes; l'Allemagne, l'Autriche et l'Italie ont d'autres soucis et d'autres intérêts, et si même elles élevaient actuel-lement la voix, on pourrait peut-être les accuser de vouloir faire surgir des complications.

Mais la France, qui n'a pas des intérêts matériels immédiats en Arménie, mais qui a toujours eu des droits imprescriptibles, tradition-nels et incontestables en Orient, qui a acquis de tout temps, dans ces contrées, une influence prépondérante, qui a presque toujours pris l'initiative des intérêts des peuples chrétiens de la Turquie, et qui a joué un rôle si marqué dans leurs évolutions, la France seule pourrait, je n'ose pas dire devrait, prendre cette fois encore l'initiative d'une démarche en faveur des Arméniens. Elle s'appuierait pour cela sur les précédents, entre autres sur l'affaire de la Syrie et du Mont-Liban, où, seule, elle imposa jadis sa volonté à la Turquie, dont elle obtint l'autonomie pour le Mont-Liban. Elle s'appuierait aussi et surtout sur les traités récents où elle a pris elle-même des engagements tout autant que les autres grandes puissances.

Oui, une sorte de contrat est intervenu entre la Sublime-Porte et les grandes puissances de l'Europe. Par ce contrat, si la Turquie, de son côté, s'est engagée et a promis formellement de faire des réformes en Arménie, les grandes puissances, de leur côté, en ont garanti l'exécution, en en acceptant la surveillance. Or, le gouvernement turc n'a pas exécuté ses engagements; car il est habitué à ne tenir aucun compte de ses promesses et pour lui, la parole donnée n'engage à rien : il ne plie et ne cède que devant la force. Mais les grandes puissances de l'Europe, mais la France surtout, pour laquelle la parole donnée est sacrée comme l'honneur, pour qui chose promise est chose due, ne pourrait-elle pas, du moment qu'elle a fait la promesse, en même temps que les autres puissances, de veiller à l'exécution de ces réformes, ne pourrait-elle pas demander compte au gouvernement turc de ce qu'il a fait jusqu'ici; ne pourrait-elle pas lui demander raison de l'état précaire de l'Arménie et ne devrait-elle pas exiger l'exécution intégrale de l'article 61 du traité de Berlin? La Turquie, en signant ce traité, s'est mise, pour ainsi dire, sous la tutelle des grandes puissances. Ce ne serait donc pas une ingérance arbitraire dans les affaires intérieures d'un pays, où une intervention injuste: mais bien un droit à exercer, un engagement moral à remplir.

La France ne reculera pas sans doute devant cette tâche humanitaire, car elle est sûre d'avance que toutes les puissances indistinctement la suivront dans cette voie. L'Allemagne ne demanderait pas autre chose que d'obtenir l'exécution intégrale du traité de Berlin; l'Angleterre élève déjà de temps en temps sa voix pour demander l'application des réformes promises (1), et nous avons tous lieu de croire que les dernières

---

(1) On lit dans *La France Nouvelle*, du 11 mars 1888:

D'après des avis divers reçus d'Erzeroum, de nombreux agents anglais, vêtus du costume national arménien, parcourent en ce moment l'Arménie turque, faisant une propagande anti-russe très active. Ils tiennent des réunions secrètes, auxquelles prennent part les notables du pays. Là, ils parlent de la possibilité qu'il y aurait pour les Arméniens de former une Arménie indépendante à l'instar de la Grèce, de la Bulgarie et d'autres petits États. N'osant pas passer la frontière, ils envoient des émissaires indigènes dans l'Arménie russe avec mission de répandre ces idées parmi la population.

démarches de l'ambassadeur d'Angleterre sont aussi pour quelque chose dans ce léger revirement qui s'est produit dans les relations de la Sublime-Porte, ou plutôt dans les rapports du Sultan avec la nation Arménienne. Quant à la Russie, elle ne ferait qu'applaudir à cette demande de réformes pour l'Arménie, car, il faut l'avouer, avant même qu'il en fût question dans le traité de Berlin, la Russie avait reconnu la nécessité et l'urgence de ces réformes, et les avait stipulées par une clause spéciale dans son traité de San-Stefano.

Ainsi, comme j'ai eu déjà l'honneur de vous le dire, tandis qu'en ce moment l'intervention des autres pays de l'Europe pourrait peut-être susciter des méfiances, celle de la France serait approuvée par tous, et amènerait un résultat tout à fait heureux : car tous s'accorde-raient et la seconderaient dans cette voie, qui est celle du droit et de la justice, de la liberté et du progrès, de la paix et de la civilisation. (*Applaudissements prolongés*).

MESSIEURS,

Puisque vous m'avez fait l'honneur de m'accorder la parole pour porter un toast, je saisis avec empressement l'occasion de porter un toast à la France : à la France noble, généreuse et hospitalière, où tous les malheureux opprimés et les deshérités de la terre peuvent venir, élever la voix, parler haut, demander pitié et justice, aide et protection.

Je bois à la France !

(MM. GAUTIER et CHOTTEAU, le prince CZERNICHEFF. M. le député BOURGEOIS, MM. ROUX - LAVERGNE et GROMIER vont féliciter le sympathique président de l'*Association Patriotique Arménienne*, que l'assemblée acclame et qui, toujours modeste, semble tout surpris de son succès oratoire.)

La police turque a déjà opéré l'arrestation de plusieurs étrangers, dont les allures lui paraissaient suspectes. Invités à donner des explications sur leur présence dans ce pays dont ils ignoraient même le langage, ces individus ont déclaré qu'ils voyageaient pour le compte de maisons de commerce anglaises.

ALLOCUTION ORIENTALE

Du Cheikh Sanua Abou Naddara.

O éloquence de mes vénérés maîtres, illustres orateurs arabes, viens à mon secours, afin que ma faible langue puisse clairement exprimer mes pensées et mes sentiments aux fils généreux de ma patrie d'adoption.

Et toi, Allah, clément et miséricordieux, veuille accorder à mon âme, en deuil de par les malheurs de mon pays natal, un peu de ta sérénité afin que mes paroles perdent, pour un instant, leur tristesse, et n'affligent pas par leurs lamentations mes bienveillants auditeurs.

Au nom du grand maître de l'univers je commence donc et je dis :

J'admire ceux de mes semblables qui, par les lumières éclatantes de leur savoir, dissipent les épaisses ténèbres de l'ignorance dans lesquelles les tyrans de la terre plongent les populations pour mieux les exploiter.

Je vénère ceux de mes semblables qui, par leurs écrits sages et intelligents, facilitent le parcours des âpres sentiers de l'honneur et de la vertu qui conduisent les mortels au temple de la vérité.

J'honore ceux de mes semblables qui, par leurs discours pleins d'esprit et de raisonnement, combattent les superstitions populaires, les aversions nationales et le fanatisme religieux qui divisent les humains, et inspirent à leurs auditeurs, l'amour du prochain sans distinction de culte ni de race.

Je chante les louanges des nations héroïques et magnanimes comme celle dont je suis l'hôte, qui, au premier cri de détresse d'un peuple opprimé, accourent, dépensent leur dernière obole et versent la dernière goutte de leur sang pour briser le joug infâme qui l'accable, sans se soucier si ce peuple affranchi leur sera reconnaissant ou ingrat.

Et j'aime tous ceux de mes semblables qui ont, sincèrement, pour devise, la devise sublime de *Liberté, Egalité, Fraternité*. (*Tonnerre d'applaudissements*).

Vous êtes tous, Messieurs, les soldats vaillants de cette armée d'hommes d'élite qui travaille avec désintéressement au bien de l'humanité. Je vous aime par conséquent et vous prie de me permettre de vous appeler mes amis, ou plutôt, mes frères, puisque l'*Union Méditerranéenne*, que nous fêtons ce soir, rapproche l'Orient de l'Occident et permet à l'Égypte de serrer affectueusement la main à la France.

Je vous présente donc, ô mes amis, au nom de vos frères d'Égypte, notre salut parfumé de sincère amitié, et j'invoque sur vous la paix et les bénédictions d'Allah dont vous guidez les créatures dans la voie du progrès et de la civilisation.

Le dieu des armées vous fera triompher des ennemis de l'humanité; il vous donnera la victoire sur les peuples égoïstes qui vous envient et qui ne pensent et ne rêvent que guerre, pillage et invasion.

Vous moissonnerez des palmes et vous serez couverts de lauriers : car votre but est noble : c'est la prospérité de vos semblables.

Oui, mes frères : c'est là votre but, autrement mes yeux n'auraient pas eu le charme de vous voir ici.

Car vous n'êtes pas venu ce soir à cette fête, alléchés par le repas somptueux que les Vatel de cet établissement nous ont donné, et auquel nous fîmes honneur; mais, vous êtes venus, comme moi, pour réaliser, par votre concours, le rêve de toute la vie de M. Gromier, et couronner de bon succès son œuvre humanitaire.

Oui, son œuvre humanitaire : car, que veut-il, le fondateur de l'*Union Méditerranéenne*?

Son programme, que je vois dans toutes les mains, vous le dit clairement.

Il veut allier économiquement les **peuples du Sud de l'Europe et du Nord de l'Asie et de l'Afrique**, et par son *Union douanière Méditerranéenne* faire prospérer leur commerce.

Or, le commerce étant la vie des peuples, l'œuvre de M. Gromier est souverainement humanitaire et mérite la coopération active de tous les **partisans sincères** du *Zollverein Méditerranéen*.

Cette œuvre a aussi ses avantages politiques; elle sauve la Méditerranée des mains iniques qui veulent la violer et la convertir en lac anglo-germanique.

Au nom du Parti national égyptien, que j'ai l'honneur de représenter, je prie mes chers collègues, les représentants des nations qui habitent les bords de cette mer, tant convoitée par les fils d'Albion, d'encourager cette *Union douanière* et d'aider son fondateur à sa réussite ; car de la réussite de cette œuvre dépend le salut de toutes les contrées, menacées actuellement par l'invasion britannique, invasion néfaste qui ruine l'Egypte. *(Ici, l'orateur s'interrompt, vaincu par l'émotion, et l'assemblée l'acclame avec enthousiasme.....)*.

Invasion néfaste qui ruine l'Egypte! Hélas! Egypte! Egypte! Ma malheureuse patrie! Rien qu'en te nommant, mon cœur se fend de douleur et mon âme désolée verse par mes yeux des larmes de sang.

O ma vallée du Nil, jadis le paradis de l'Afrique, aujourd'hui l'enfer de tes enfants.

Tu es la proie de la perfide Angleterre, dont les fils s'abattirent sur toi comme des vautours.

Ces sauterelles rouges dévastèrent tes champs fertiles et semèrent partout la ruine et la désolation.

Leurs bandes de fonctionnaires, qui se renouvellent sans cesse, envahirent tes administrations publiques, en éloignèrent les honnêtes français qui les dirigeaient à ta grande satisfaction depuis de longues années, en chassèrent tes pauvres enfants qui y étaient employés, et les voilà proposant, imposant et disposant de tes revenus et des plus grands intérêts de ton .tat, ô mon Egypte. Ce spectacle honteux n'émeut pas les puissances d'Europe.

Aucune d'elles ne s'élève contre des agissements aussi tyranniques et aussi dissolvants. On croirait qu'elles assistent à une sorte de liquidation.

Il ne s'agit plus, pour les envahisseurs de l'Egypte, que de battre monnaie avec tout ce qui leur tombe sous la main.

Ils vendent tout ce qui appartient à l'Etat. Ils vendent même les biens sur lesquels l'Etat peut faire valoir des droits.

Lorsque l'Europe ouvrira les yeux pour contempler ma terre natale, elle ne verra qu'un cadavre hideux abandonné par les vampires dont elle a, par sa tacite complicité, si longtemps favorisé l'œuvre délétère.

Pleurez, mes yeux, sur les malheurs de notre chère vallée du Nil.

Que dis-je? N'ai-je pas promis à mes auditeurs de ne pas les affliger par mes lamentations?

Pardon, mes frères, pardon. *(Bravos répétés..... Interruption forcée.....)*.

Mais hélas! mes compatriotes ne sont pas les seuls opprimés par les Anglais en Egypte; vos compatriotes, que nous appelons nos frères dans le malheur, le sont aussi.

Les Anglais font tout pour obliger les Français à quitter le pays : ils les vexent et gâtent leur commerce et leur industrie.

Mais l'affection et la sympathie que les indigènes ont pour eux les font patienter, et espérer en un avenir meilleur.

Veuillez donc, ô mes amis, permettre à ma Muse égyptienne d'offrir à la France l'expression des sentiments des enfants du Nil.

SONNET

A LA FRANCE

Celui qui n'aime pas la France,
Est un homme, pour moi, sans cœur.
C'est le pays par excellence
Où règnent la vertu, l'honneur.

C'est la terre où la Providence
Favorise l'agriculteur
Et donne au peuple l'abondance
La prospérité, le bonheur.

Je l'aime, et de reconnaissance
A ses fils, je suis débiteur !
Ils me comblent de bienveillance.

Souhaitons que leur bras vainqueur
Ecrase la triple alliance
Qu'arme contre eux l'envahisseur.

M. Hippolyte Buffenoir, le poète républicain de la *Vie Ardente*
et de *Cris d'Amour et d'Orgueil*, a pris alors la parole.

ALLOCUTION DE M. HIPPOLYTE BUFFENOIR

MESSIEURS,

Je m'associe, de tout cœur, aux toasts fraternels qui ont été portés
par les précédents orateurs, mais je tiens cependant à faire une distinction entre les peuples et les gouvernements qu'ils subissent.

Autant nous avons de sympathie pour les opprimés, non seulement du
monde Latin, mais de l'Univers entier, autant nous devons manifester
notre répulsion pour leurs oppresseurs. (*Applaudissements*).

Il est bien évident qu'une République comme la nôtre, qui est fille
de la Révolution, et dont l'axe régulateur est la liberté absolue et
l'autonomie de l'individu à tous égards, ne peut inspirer une tendresse
bien vive aux empereurs et aux rois qui ne se maintiennent sur leurs
trônes que par une autocratie sans contrôle.

Défions-nous donc d'une sentimentalité qui nous ferait oublier la
raison d'être de notre démocratie moderne ! (*Applaudissements*).

Les empereurs, les rois oppriment la pensée, bannissent les esprits
indépendants, les âmes fières dont la dignité ne sait point s'incliner
devant l'arbitraire ; leurs moyens de gouvernement sont: la crainte, la
faveur, la corruption, et cela dans tous les temps et dans tous les pays,
dans toutes les zônes et sous toutes les latitudes..... Ce n'est pas le
prince Czernicheff, dont nous admirions tout-à-l'heure la parole élé-
gante, et l'entraînante éloquence, ce n'est pas lui, dis-je, qui me démen-
tira, ni, à plus forte raison, aucun de vous, Messieurs !

Mais si les oppresseurs de tous les continents ne peuvent aimer les
principes sur lesquels repose la République, nous nous en consolons en
songeant que nous avons l'affection de tous les peuples, de toutes les
nations, puisque nous proclamons leurs droits politiques et sociaux ;
puisque nous défendons leurs intérêts; puisque, par le fait même de

notre gouvernement républicain, nous les invitons à secouer le joug qui les accable. (*Applaudissements*).

C'est pourquoi, Messieurs, je lève mon verre et je porte un toast à la fraternité de tous les peuples (*Applaudissements prolongés*).

L'ARBRE DE LA LIBERTÉ

A notre ami GROMIER

TÉMOIGNAGE DE FRANCHE SYMPATHIE

Ce n'est plus maintenant le jeune et frêle arbuste
    Que le vent plie ou jette à bas :
Non, non, l'arbre a grandi : le bras le plus robuste
    Ne le déracinerait pas !
C'est en quatre-vingt-neuf, après leur délivrance,
    Que nos pères l'avaient planté,
En l'arrosant de sang, sur le sol de la France,
    Cet arbre de la Liberté.
Il y prenait déjà de profondes racines ;
    Mais il était encor petit
Lorsque le conquérant sous ses mains assassines
    Comme un obstacle l'abattit !

Il résista pourtant et son ardente sève,
    Pareille au sang renouvelé,
Dans un fier rejeton qui fièrement s'élève
    Monta de son pied mutilé.
Le Despotisme a qui l'arbre faisait ombrage
    Envoya ses noirs bûcherons
Qui frappèrent ses flancs avec haine, avec rage,
    Criant : Nous l'anéantirons !
Leur colère fut vaine et l'arbre salutaire
    Sous les coups toujours repoussa ;
Toujours d'un flot de sève abrité par la terre
    Impérissable il s'élança.

Aujourd'hui le grand chêne, emblème de la force:
    Etend sa large frondaison.
Au soleil, à l'air pur il croît; et son écorce
    S'élargit à chaque saison.
Il ne craint plus qu'un jour par le sabre ou la hache
    De nouveau ses flancs soient ouverts :
Il s'élève superbe et le printemps attache
    A ses branches des rameaux verts.
Malheur à qui voudrait le renverser encore !
    Un peuple entier est son appui ;
Un peuple généreux et vaillant qui s'honore
    D'être libre et maître de lui.
Il éloigne de l'arbre, en chasse avec colère
    Les chenilles et les corbeaux :
Aussi comme il grandit le chêne populaire
    Et comme ses fruits seront beaux !....

Oh oui ! qu'il sera beau cet arbre d'espérance
    Où s'ouvre la fleur du Progrès !
Le voyez-vous déjà s'étendre sur la France
    Aussi vaste que cent forêts !
Il s'accroît, il s'élève, il abrite le monde,
    Sa cime touche au firmament.
Sur l'odorant gazon de son ombre féconde,
    Les peuples passent en s'aimant.
La jeunesse rieuse en innombrables couples
    Tous les soirs vient s'y réunir,
Et d'heureux fiancés, enlaçant leurs mains souples,
    Y parlent d'amour, d'avenir.
Les oiseaux d'alentour sur les plus hautes branches
    Eclatent en vives chansons,
Et le roucoulement des tourterelles blanches
    Met en verve les gais pinsons.
Que votre vie est douce, oiseaux, fleurs de l'espace,
    Cachés dans ce feuillage épais !
Vous aimez, vous chantez et l'épervier rapace
    Ne trouble jamais votre paix !....

Venez aussi, venez, vous que le mal torture,
    Parias, maudits et damnés ;
Avortons qui souffrez des torts de la Nature,
    Vous tous au mépris condamnés ;
Victimes dans l'enfer constamment rejetées
    Lorsque vous montez vers le jour ;
Peuples crucifiés, éternels Prométhées
    Que ronge l'infâme vautour !
L'heure sainte a sonné de briser votre chaine
    Et d'avoir votre part d'azur ;
Venez vous reposer à l'ombre du grand chêne,
    Vous trouverez un abri sûr.
Et comme les oiseaux dont le sort fait envie,
    Vivant d'amour et de gaieté,
Vos pleurs seront taris ; vous bénirez la vie
    Sous l'arbre de la Liberté !

                    MARC BONNEFOY.

Après ces beaux vers. M. Nœtinger s'est exprimé ainsi :

TOAST A L'ALSACE-LORRAINE

MESSIEURS,

Je bois à mes frères d'Alsace-Lorraine !
Je n'ai nul besoin de vous parler d'eux davantage !
Mes regrets du passé, mes douleurs du présent, mes espérances pour l'avenir sont assurément dans tous les cœurs des Français.

A l'Alsace-Lorraine !

. . . .

Inutile de dépeindre la physionomie de l'assemblée après ce toast aussi simple qu'opportun et émouvant.

. . . .

Au *Concert* qui a suivi le banquet, on a beaucoup applaudi Mᵐᵉ de GRANDSAGNE (*le rossignol brésilien*), Mˡˡᵉ Berthe DURANTON (pianiste), M. MONGE (violoniste), M. TESSEYRE, M. Ch. JOBERT et M. COR-DE-LASS, l'éminent chef d'orchestre.

Il était minuit lorsqu'on se sépara, non sans se donner rendez-vous pour le lundi 30 avril prochain (1).

LATINUS.

---

(1) Les partisans de l'*Union Méditerranéenne*, désireux d'assister à ce banquet prochain, sont invités, sans exception, à envoyer leur nom et leur adresse à *M. Gronier*, 133, boulevard de Sébastopol, afin de recevoir, en temps utile leur Carte d'entrée et le Programme de la Fête.

LES ŒUVRES DU FONDATEUR

Lettres sur la Musique, in-8°, Hachette, Paris. 1862.

La Fanfare Bressane, in-8°, Milliet-Bottier, Bourg. 1863.

Souvenirs d'un Bressan, in-folio, Milliet-Bottier. Bourg, 1864.

Péchés de Jeunesse, divagations littéraires et politiques. en prose et en vers, publiées dans *l'Abeille* de Nantua. *le Journal* et *le Courrier* de Bourg-en-Bresse, *la Revue* de Lyon. *l'Album* d'Angers. *la Fraternité, la Critique Illustrée* et *la France Musicale* de Paris. *l'Europe* de Francfort, etc.. de 1861 à 1865.

La Colonie, in-4°, Taffery, Londres. 1865.

La Campagne de 1866, journal d'un volontaire garibaldien, *manuscrit* mis en ordre à Ambérieu-en-Bugey, 1867.

Une Élection réussie, curieuse série de correspondances publiées dans *le Progrès* de Lyon, en 1867-1868.

L'Union Libérale, in-8°, Lechevalier, Paris, 1868.

The Glowworm, in-4°, Samuel-Orchard Beeton. Londres, 1869.

L'Égypte dévoilée, in-32°, Wade, Londres. 1869.

Le Centenaire anti-napoléonien, in-32°, Wade, Londres, 1869.

Paris au jour le jour, variétés publiées dans *le Rappel, la Réforme, la Démocratie, le Siècle* et *le National,* Paris, 1869-1870.

La France vue du dehors, traductions d'articles anglais, italiens, allemands, espagnols, etc., publiés dans *la Patrie, le National, le Combat, la Vérité, le Vengeur,* etc., Paris, 1870-1871.

Le Salut de Paris, in-4°, Merlot-Rodière, Paris, 1871.

La Patrie en deuil, in-4°, Merlot-Rodière, Paris. 1871.

Le Siège de Paris par les Prussiens et la Prise de Paris par Monsieur Thiers, journal d'un commandant de la Garde Nationale, manuscrit mis en ordre dans les Docks (Batiment C) du Camp de Satory, en juin-juillet 1871.

La Solidarité, in-32⁰, André Sagnier. Paris, 1872.

Lettres d'Un Bon Rouge, in-8⁰, Sagnier, Paris, 1873.

Paris Municipal, in-8⁰, Merlot-Rodière, Paris, 1873.

Hommes et Choses de 1866 à 1872, memento d'un politiqueur militant, in-8⁰, Merlot-Rodière, Paris, 1873.

La Paix Sociale, in-folio, Merlot-Rodière, Paris, 1873.

Mes Heures de Prison, souvenirs d'un prisonnier de l'empereur Napoléon III et du maréchal de Mac-Mahon, onze *manuscrits* mis en ordre dans les bastilles politiques de la Conciergerie, Mazas, la Santé et Sainte-Pélagie de Paris. Blois, Beauvais, Versailles, Nevers, Tours, Rouen, etc., 1870-1876.

Prophéties pour 1878, in-32. Jossellin, Genève, 1877.

Credo d'un Libre-penseur, in-32. Jossellin, Genève, 1877.

La Loi Sociale de l'Avenir, in-8⁰, Jossellin, Genève, 1877.

Justice et Nécessité d'une Amnistie, in-8⁰, Jossellin, Genève, 1877.

Les Fraudeurs Genevois, in-8⁰, Jossellin, Genève, 1878.

La Suisse telle qu'elle est, lettres publiées dans *le National* et *L'Estafette* de Paris, *le Petit Lyonnais* et *le Courrier* de Lyon, *le Progrès* de Bourg, *le Petit Courrier* de Périgueux, etc., de 1876 à 1878.

Lettre aux Genevois, in-folio. Stamperia Cooperativa, Firenze, 1878.

Florence, la Cité des milliards, in-8⁰, Devillaire, Périgueux, 1878.

Garibaldi et sa Campagne de France, in-4⁰, Aucour, Bordeaux, 1879.

Ai Proletari, in-folio, Stamperia dell'*Opinione Nazionale*, Firenze, 1879.

Ai Borghesi, in-folio, Stamperia dell'*Opinione Nazionale*. Firenze, 1879.

Catalogue de ma Bibliothèque, in-8⁰, Stamperia Cooperativa, Firenze, 1880.

Mauro Macchi, in memoriam, in-12, Battezzati, Milano, 1881.

Mauro Macchi e la Lega Latina, in-8⁰, Stamperia Cooperativa, Firenze 1882.

I Latinofili Francesi ed il senatore Amante, grand in-8⁰, Stamperia Cooperativa, Firenze, 1882.

Histoire de la Musique, avec une préface de Marie Escudier. in-8⁰ illustré, Degorce-Cadot, Paris. 1882.

La Fédération des Peuples Gréco-Latins, seize livraisons in-4⁰, Imprimerie Coopérative, Florence, mai-octobre 1882.

L'Italie telle qu'elle est, lettres publiées dans *l'Estafette*, *l'Indépendant*, *le Voltaire* et *les Droits de l'Homme* de Paris. *la Europa* de Madrid. *The Home Review* de Londres, etc., de 1878 à 1883.

Biographies : Charles Alfieri di Sostegno, Camille Bias, Léon Bigot, Breton, Louis Brunereau, Angelo de Gubernatis, Raphaël Del Perugia, Paul Demidoff de San Donato, Ernest Desmarest, Jules Fazy, Giuseppe Garibaldi, W. H. Kay, Mauro Macchi, Ernest Picchio, Maurizio Quadrio, André Rousselle, Carl Vogt, Volney, dix-huit opuscules, grand in-8º, publiés dans *le Biographe*. Aucour, Bordeaux, 1876-1883.

Un dernier mot aux Latins, in-8º, Joseph Pellas, Florence, 1883.

Le Zollverein Méditerranéen, douze lettres à la presse gréco-latine, in-folio, Stamperia del *Ferruccio*, Florence, janvier-mars 1884.

La Vraie Revanche, in-8º, Stamperia del *Vocabolario*, Florence, 1884.

An English-Greek-Latin Intelligence, Typ. *Ferruccio*, Florence, 1885.

Les Lettres d'Amicus à l'Anti-Prussien, in-folio, Imprimerie dudit journal. Paris, novembre 1884 à novembre 1885.

Le Lettere d'Amicus alla Gazzetta d'Italia, in-folio, Typ. Pancrazi, Roma, novembre 1884 à novembre 1885.

Ai Latini, in memoriam Garibaldi e Victor Hugo, in-folio, Stamperia dell'*Opinione Nazionale*, 2 juin 1885.

Alliance Latine et Zollverein Méditerranéen, in-8º, Joseph Pellas. Florence, 1885.

Union Douanière Méditerranéenne, in-folio, vingtième tirage, centième mille, Tip. Coppini et Bocconi, Firenze, 1er janvier 1886.

Frédéric List, le Père du Zollverein Germanique, grand in-8º, Paul Cassard, Lyon, 1886.

Correspondance de la Presse Étrangère, publication épistolaire périodique, créée à Londres en 1865, puis transportée à Florence, Paris. Bruxelles, Genève, et derechef à Florence, en 1878, enfin, établie à Paris, sous le nom de CORRESPONDANCE MÉDITERRANÉENNE. le 15 octobre 1887.

Paris, Impr. Lefebvre, Passage du Caire, 57-59 — 103588

Original en couleur

NF Z 43-120-8

BIBLIOTHÈQUE NATIONALE

CHÂTEAU
de
SABLÉ
1984

www.ingramcontent.com/pod-product-compliance
Lightning Source LLC
Chambersburg PA
CBHW052054270326
41931CB00012B/2752